석보상절,

훈민정음 조선 대장경의 길을 열다

이 논문 또는 저서는 2021년 대한민국 교육부와 한국연구재단의 지원을 받아
수행된 연구임 (NRF-과제번호)(NRF-2021S1A5B5A17047855)

This work was supported by the Ministry of Education of the Republic of Korea and
the National Research Foundation of Korea
(NRF-과제번호)(NRF-2021S1A5B5A17047855)

석보상절,

훈민정음 조선 대장경의 길을 열다

정진원 지음

우리출판사

이 책을

나의 마이트레야

김도윤씨께 바친다.

2023. 8. 22.

월인적광 정진원 올림

　석보상절은 우리 글자 훈민정음으로 쓴 최초이자 최고의 불교경전이다. 이 훌륭한 책의 가치를 우리에게 알려주고자 쉽고 재미있게 풀어 쓴 '석보상절, 훈민정음 조선 대장경의 길을 걷다'를 쓴 저자의 노고를 기리는 바이다. 누구나 읽고 반야심경처럼 항상 염송하고 세상에 널리 퍼지기를 발원하며 적극 추천한다.

　석보상절은 우리 불교 문화의 보배요 세계의 기록 유산이 되어야 할 인류문명의 문화재이다. 부디 우리 고전의 향기로 이 책이 한국을 넘어 K Classic의 세계화에 기여하기를 바란다.

2022년 5월 부처님오신 날 즈음

대한불교조계종 종정　중봉

목차

석보상절,
훈민정음 조선 대장경의 길을 열다

「석보상절」,
'월인석보'에서 '석보월인'의 세계로
제자리 찾기

「석보상절」과의 시절 인연

훈민정음으로 1447년에 쓴 최초의 산문책 「석보상절」이 드디어 독자와 만나는 시간이 도래하였다. 나는 앞서 1459년에 완성된 「월인석보」 제1권과 제2권에 해당하는 '월인석보, 훈민정음에 날개를 달다'와 '월인석보, 그대 이름은 한글대장경'을 책으로 출간한 바 있다.

그러면 왜 세 번째 출간하는 책이 「월인석보」 제3권이 아니고 「석보상절」 제3권인가. 간단하다. 한마디로 「월인석보」 제3권이 현재 전하고 있지 않기 때문이다. 그러나 다행히 「석보상절」 제3권은 「월인석보」 제2권의 내용과 이어지는 책이다. 초간본이 아닌 것이 애석하지만 중간본으로나마 「석보상절」 첫 번째 책으로 전하고 있다. 그것이 「월인석보」 제3

권 대신 「석보상절」 제3권으로 여러분을 만나게 된 직접적인 연유이다.

한편 「석보상절」 1권과 2권은 아직 전하지 않는다. 이 얼마나 절묘한 우연이자 필연인가. 그리고 천우신조로 「월인천강지곡」 상권에 194장이 전한다. 「석보상절」 3권에 해당하는 「월인천강지곡」 상권의 내용으로 「월인석보」 제3권의 면모도 함께 알아볼 수 있는 기적이자 가피의 책이다.

「석보상절」 편찬의 주인공 세종과 소헌왕후 그리고 수양대군

우리는 그동안 「월인석보」 1권과 2권을 통하여 훈민정음으로 지어진 첫 산문 「석보상절」의 직접적인 편찬 동기가 세종의 부인 소헌왕후의 극락왕생에서 비롯되었음을 알고 있다. 그러나 그것은 유교입국의 조선에서 불교 책 석가모니 일대기를 그리기 위한 대의명분에 불과할 뿐이다. 궁극적인 목적은 백성들에게 양반 귀족 특권층의 지식 권력을 공평히 공유하려는 것임을 책 전체를 정독하면서 거듭 확인할 수 있다.

요컨대 이 훈민정음으로 만들어진 최초의 산문 책 「석보상절」을 지금 우리가 손에 쥐고 읽을 수 있도록 결정적인 역할을 한 인물은 세종과 소헌왕후라고 할 수 있다. 세종은 훈민정음을 창제하고 소헌왕후는 죽음으로써 불교의 극락왕생 대상 역할을 충실히 해 준 셈이다. 글자를 창제한 왕의 부인 정도는 세상을 하직해야 그 글자로 왕생극락을 기원하는 문장의 책을 만들 수 있는 유교의 세상. 그렇다면 그 첫 훈민정음 산문 책을

석보상절,
훈민정음 조선 대장경의 길을 열다

쓴 저자는 누구인가. 세종과 소헌왕후 부부의 아들인 수양대군 되시겠다. 책을 완성한 1447년은 수양대군이 서른이 되던 해로 훈민정음을 반포한 1446년의 이듬해이다. 정확히 10개월만에 이룩한 대작 불사 완성이다.

훈민정음의 생명력은 「석보상절」이란 도도한 강물에서

문자가 있으면 무엇하나. 모름지기 문자를 운용하여 문장을 만들고 그 글로 인간의 심금을 자유자재로 표현해 웃고 울고를 할 수 있어야 비로소 문자의 가치가 있는 것임을 세종과 수양대군은 누구보다 잘 알고 있었다.

1443년에 창제된 '훈민정음'으로 이미 1445년에 조선의 개국을 찬탄하는 노래 「용비어천가」를 지어 시험한 바 있다. 그러나 노래란 짧고 함축적이어서 완전한 서사를 구사한다고 할 수 없는 문장이다. 강물처럼 유려하고 흐름이 도도한 대하드라마 같은 석가모니의 일생을 과연 훈민정음 새 문자로 운용할 수 있을 것인가. 어쩌면 「석보상절」은 그 긴장감 가득한 첫 시험대에 오른 절체절명의 작품이라고 할 수 있을 것이다.

결과는 대성공. 그야말로 24권이란 대작을 단 10개월 만에 완성도 높게 일필휘지로 써내려 간 주인공이 바로 수양대군이었던 것이다.

「석보상절」의 저자 수양대군과 집단 지성

지금 읽어 보아도 흠을 잡기가 어려울 정도로 완전무결한 경지의 책이

석보상절,
훈민정음 조선 대장경의 길을 열다

다. 불가사의이다. 어떻게 새 문자 훈민정음 첫 시험작이 바로 대표작이
될 수 있단 말인가. 나는 솔직히 믿지 않는다. 이것은 오래 공들이고 무수
한 단련 끝에 얻어질 수 있는 경지의 작품이다. 세종과 수양대군이 천재
임을 전적으로 인정하지만 한 천재의 역량으로 이루어질 수 있는 24권 대
작이라고 쉽게 단정할 수 없다. 정독하면 할수록 이것은 오랫동안 숙련된
집단 지성의 힘으로 이룩한 역작이라고 말할 수밖에 없다. 과연 그런가.
이제부터 한 글자 한 글자 수양의 육성으로 읽어 나가기로 한다.

　우리가 지금 한글을 자유자재로 쓰게 된 데에는 세종 부부와 수양 그리
고 한 사람의 공로가 더 있다. 수양의 부인 정희왕후이다. 수양이 세조가
되고 그 세조가 만든 간경도감에서 훈민정음 불경들이 속속 편찬된다. 그
뜻을 다 이루지 못하고 세조가 세상을 떠나자 정희왕후는 손자 성종을 수
렴청정하며 간경도감 사업을 마무리한다.

　우리는 최소 세종 부부와 세조 부부의 가피에 힘입어 현재 문자로 평등
한 세상, 세계 속의 한류 그 중심에 한글이 있음을 누리며 살고 있다는 사
실을 직시해야 한다.

「석보상절」과 '석보월인'의 세계

　「석보상절」은 「월인천강지곡」을 함께 염두에 두고 쓴 글이다. 「석보
상절」 제3권과 관련 내용을 담고 있는 「월인천강지곡」을 찾아 맞추어 보

니 그야말로 상보적 관계를 이루고 있었다. 정독을 할수록 왜 12년 후 합본 「월인석보」가 등장할 수밖에 없었는지 명약관화하였다.

불교경전의 순서는 부처의 설법과 그것을 노래로 요약한 게송으로 되어 있다. 수양대군의 「석보상절」이 부처의 법문이라면 세종의 「월인천강지곡」은 그 법문을 읽고 노래한 게송이라고 할 수 있다.

불교경전의 순서에 따라 당연히 '석보+월인'의 순서로 쓰여진 것이다. 그럼에도 불구하고 세조는 왜 '월인+석보'의 순서로 책을 합편했을까. 그것은 아버지의 작품을 앞세우고자 한 아들의 겸양이라고 생각한다. 이제 600년이 지난 지금 「석보상절」을 현대국어로 풀어 쓰면서 그 순서를 바로잡는다. 「석보상절」이 중심인 책이어서 「월인천강지곡」을 뒤에 놓는 것으로 생각할 수도 있지만 나는 이제 600년 동안 아버지를 기린 것으로 충분하니 불교경전의 순서대로 제자리를 찾아주는 것이 후손의 도리라고 생각한다.

다시 말해 「석보상절」은 게송 형식의 「월인천강지곡」을 정리 요약한 운문을 염두에 두고 만들어진 것이다. 세종과 세조는 천재였다. 특히 누구나 다 아는 아버지 천재에 가려 세조는 그동안 단종을 죽이고 왕위에 오른 극악무도함만 부각되어 왔다. 그러나 세종의 아들 세조도 아버지 못지 않은 천재였다.

석보상절,
훈민정음 조선 대장경의 길을 열다

아버지 세종은 재위 32년인데 비하여 세조는 14년이다. 절반도 못 미치는 치세 동안 세종이 만든 훈민정음을 궁굴리고 다듬고 깁고 보태어서 만든 「월인석보」는 조선 대장경의 금자탑이요 그 원본에 해당하는 「석보상절」 24권과 「월인천강지곡」 600여 수가 그 토대를 이루고 있다.

1459년 「월인석보」라는 조선식 대장경의 완성은 1461년 간경도감 설치로 이어지고 그곳에서 주옥 같은 우리말로 쓰여진 훈민정음 대장경의 향연이 펼쳐진다. 그리고 11년간 조선 대장경의 역사가 이어지는데 세조 14년인 1468년 세조가 승하한 후 부인 정희왕후 섭정으로 그 대단원의 마무리가 이루어진다. 어린 손자 성종을 왕위에 앉힌 또 다른 이유라 할 수 있겠다.

그러므로 훈민정음으로 쓰여진 조선 대장경의 대역사는 세조 부부의 업적이라 감히 말할 수 있는 것이다. 세종 부부로 시작된 훈민정음 문자의 시작은 세조 부부가 날개를 달아 21세기까지 '붕새'처럼 세계를 향하여 날아가고 있다.

이 책은 2021년 1년 동안 현대불교신문에 연재한 내용을 깁고 더한 것이다. 또한 배경 「월인석보」 제1권 '월인석보, 훈민정음에 날개를 달다(조계종출판사)' 「월인석보」 제2권 '월인석보, 그대 이름은 한글대장경(박이정)'에 실려 있는 내용에 기대고 있다. 이 책이 앞의 두 책과 이어지는 내용이고 연재의 성격상 반복이 불가피하였는데 널리 혜량해 주시기를 바란다.

「석보상절」의 미래

우리는 문자의 힘, 지식의 힘을 바탕으로 21세기 경제 10대국의 문화강국으로 진입하였다. 우리의 문자를 만든 선조들에게 우리는 최소한 무엇을 할 수 있을 것인가. '온고이지신' 옛 글을 익혀 나라를 걸고 인생을 건 세종과 세조의 기개를 배워 당당히 세상의 언어와 문자로 우뚝 서는 일이다. 무에서 유를 창조한 선조도 있는데 있는 것을 세상에 두루 알리는 일, 세상에 날마다 써서 편안하게 할 한국어와 한글, 만들 만하지 않은가. 이미 세상 사람들은 한류와 한국학에 열광하고 있는데 말이다.

그러나 이 '여는 글'을 쓰는 순간까지 이 책은 난항을 거듭하였다. 2020년부터 2023년 현재에 이르기까지 세계를 강타한 '코로나 19'로 세상은 급변하였다. 'B.C.'와 'A.D.'만큼 신기원을 이룰 것이란 말도 있다. 세상은 이제 학교와 직장을 꼭 대면으로 만나서 하지 않게 되었다. 전염병의 여파로 서로 만나는 등하교와 출퇴근 제도가 굉장히 융통성 있게 변하였다. 이제 대면이든 비대면이든 공부만 잘하고 일만 잘하면 되는 세상이 되었다.

그리고 사회와 경제, 문화, 일상 생활 등이 많이 바뀌었다. 외식문화는 배달음식 문화로 바뀌고 많은 실직자들이 배달업에 종사하게 되었다. 책을 더 이상 읽지 않는 시대로 치달아 많은 출판사와 인쇄소가 폐업하였다고 한다. 내 책을 간행했던 출판사는 훈민정음으로 쓴 이 걸작들을 시리즈로 내자고 약속했지만 그 후 다음 책을 낼 때는 난색을 표해 다른 출판

석보상절,
훈민정음 조선 대장경의 길을 열다

사를 좋이 순례하였다. 그 끝에 '우리출판사'를 만나 드디어 출간하게 되었다. 하마터면 이 책은 이생에 태어나지 못할 뻔하였다.

그럼에도 불구하고 나는 이 글을 쓴다. 왜냐하면 이 책은 최소한 내가 죽은 후에라도 가치를 더욱 인정받을 것을 확신하는 까닭이다. 훈민정음 불경의 역사가 그것을 증명하고 있지 않은가. 나의 경우 대학원에 진학했을 때 600년 전의 훈민정음 불경을 공부하게 될 줄도 몰랐고 그 공부를 위해 불교학과에 다시 들어가 두 번째 박사학위를 취득하게 될 줄도 몰랐다. 그러나 이 책은 계속 자신의 속도로 우리에게 다가와 2023년 현재 세계기록유산으로 등재하려는 노력이 진행되고 있다.

대학에서 국어를 전공하며 처음 접하게 된 「석보상절」을 곁에 두고 살아온 지 45년쯤 되었다. 때로는 혼자 웃고 울며 감정이입도 하며 거의 독학에 독학을 거듭해 온 세월이었다. 2000년도부터 초고를 쓰고 책을 내고 싶었으나 이제야 그 소원을 이룬다.

그렇지만 아직도 이 책은 시기상조인 느낌을 지울 수 없다. 유례 없는 코로나 바이러스와의 전쟁이 끝나간다 해도 이렇게 변화한 세상에 고전 인문학이 인생을 치유하고 한류와 한국학의 차세대 콘텐츠가 될 것이라는 내 생각에 동의할 사람은 많지 않으리라.

그러나 나는 믿는다. 반드시 그렇게 될 것임을. 비록 시절 인연이 늦게 와 이생에서 내가 그것을 목격하지 못한다 해도 이 아름답고 완성도 높은 훈민정음 첫 책의 가치가 두고두고 회자될 것이라고.

「석보상절」과 감사하는 인생

「석보상절」을 주제로 박사논문을 쓰며 포기하고 싶었을 때가 있었다. 7년 동안 아니 석사과정도 같은 주제였으니 거의 10년 동안 수많은 책을 뒤적이고 매일 「석보상절」과 관련 옛 책을 정독하고 논문 한 줄 겨우 쓰고 집에 돌아가곤 하였다. 다음날 아침에 읽어 보면 마음에 들지 않아 그 한 줄을 지우는 시지프스의 바위 올리기를 하던 시절에 근 1년 동안 매일 학교로 찾아와 주던 청년이 있었다. 그 덕분에 논문을 마치고 그와 결혼을 하였다. 그 시절도 30년이다. 그런 그가 갑자기 많이 아팠다. 이 책이 기도가 되었으면 좋겠다는 마음으로 낫기를 바라지 않고 부디 지금 이 상태로만 있어 주기를 기도하였다. 이 글을 읽는 독자가 그 마음 한 자락 얹어주기를 바라면서.

평생 인문학자로 비전임 여성학자로 돈과 무관한 삶을 살아왔다. 누군가는 꼭 해야 할 고려시대 걸작 '삼국유사' 연구로 두 번째 박사를 할 때에도 등록금을 내 준 사람이다. 아무도 읽지 않고 제목만 알면 다 안다고 여기는 「석보상절」과 「월인석보」로 책을 쓸 용기를 내게 된 것도 책을 쓰라고 말해 준 그의 외조 덕분이다.

풀리지 않는 내 인생을 그에게 투사하며 오래 미워하였다. 이제 그 잘

석보상절,
훈민정음 조선 대장경의 길을 열다

못을 참회하며 이 글을 쓴다. 그대 덕분에 기쁘고 떳떳하게 이 길을 걸어 왔음을 비로소 알았다고. 고맙고 미안하다고 직접 말 못하고 책에서 부끄럽고 못난 마음을 기록해 만천하에 알린다. 세종 부부와 세조 부부에는 비할 바 못 되지만 600년이 지난 후 몸과 마음 가난한 한 부부가 그들의 어진 마음을 평생 살피려고 애썼다는 사실도 아울러……

이 글을 쓴 지 몇 달 후인 2022년 7월 30일에 남편 김도윤씨께서 극락왕생하였다. 이 책으로 그간의 미안함을 직접 전하려 하였는데 갑자기 떠나셨다. 한 6주 동안 매주 이번 주를 넘기기 어렵다는 의사의 말에도 기적처럼 회복하며 그동안 나의 참회와 잘못을 만회할 최소한의 시간을 준 남편에게 감사하고 또 감사하다. 결혼 전 선운사 답사를 하며 마을 어귀에 있던 돌미륵과 흡사하던 모습에서 마이트레야라고 불러주었던 그 이름 그대로 그는 나의 마이트레야였다. 나의 딸 선재가 6주간의 우리를 보고 말하였다. '엄마 아빠를 보니 사랑에 쉼표는 있어도 마침표는 없어.' 나보다 어른이 된 딸에게도 고맙다.

이 글을 읽는 독자 한 분 한 분께 진심으로 건강과 행복이 깃들기를 기원한다.

2023년 8월
일마다 공덕만리 아현글방에서
정진원

○

「석보상절」, 조선불교의 시작

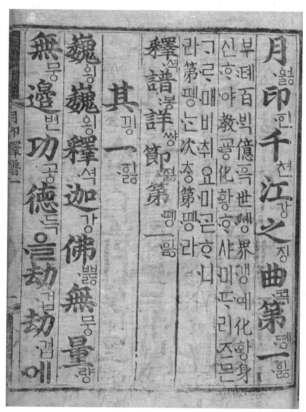

| 석보상절¹ |

---

1 「석보상절」 제1, 서강대본.

| 세종과 소헌왕후의 합장능인 영릉(여주) **2** |

| 영릉에 잠든 소헌왕후와 세종 |

───────────

2 영릉 전경(세종대왕 소헌왕후 합장릉).

석보상절.
훈민정음 조선 대장경의 길을 열다

「석보상절」, 조선불교의 첫사랑

　머언 먼 뒤안길을 돌아 한 송이 국화꽃을 피운 「석보상절」 이야기를 이제 시작한다. 그야말로 시절 인연이다. 마음을 가라앉히고 「석보상절」 탄생의 주인공들께 예경하며 책상에 정좌한다.

　우리에게 아스라히 잊혀진 '그립고 아쉬움에 가슴 조이던' 첫사랑 같은 책이 있었으니 바로 「석보상절」이다. 조선시대 훈민정음을 창제(1443년)하고 반포(1446년)한 후 첫 번째로 혼신의 힘을 기울여 열과 성을 다하여 만든 작품이 유교 국가 조선에서 조선불교를 주제로 쓴 「석보상절」(1447년)이었다는 것이다. 가히 금지된 첫사랑이라 할까.

　왜 유교 책이 아니라 불교 책인 것일까. 그렇다면 누가 그 위험하고 대단한 일을 한 것일까. 바로 훈민정음을 창제한 세종이다. 고려시대의 5교 9산의 불교를 선교양종으로 혁파하고 대대적으로 불교를 박해했던 그 임금이다.

　그 책을 쓴 저자는 다름 아닌 그의 아들 수양대군이었다. 이것이 「석보상절」을 읽는 관전 포인트이자 내내 들고 있어야 할 화두라고 할 수 있다. 아버지 세종의 명을 받들어 수양대군은 갓 태어난 문자 훈민정음으로 일필휘지 써 내려간다. 반포 10개월 만의 쾌거, 「석보상절」 24권이라는 대작을 단숨에 완성한다. 세계 불가사의에 속할 조선불교 대장경의 효시이다. 이 대단한 첫사랑의 결실을 받을 주인공은 이미 정해져 있었다.

　그의 이름과 위엄을 아는 이 계실까.

「석보상절」의 주인공은 소헌왕후

이 「석보상절」을 쓰게 된 직접적인 동기는 세종의 부인 소헌왕후의 별세였다. 만일 소헌왕후가 없었다면 「석보상절」도 「월인천강지곡」도 없었을지 모른다. 있다고 해도 지금과 달라졌거나 더 오랜 시간이 지난 후 나왔을지도 모른다. 과연 「석보상절」의 탄생은 소헌왕후와 어떤 시절 인연이 되었던 것일까.

세종(1397~1450)의 왕비이자 수양대군(세조)의 어머니, 소헌왕후(1395~1446)를 만나보자. 시호인 '소헌왕후(昭憲王后)'는 그 삶을 요약하고 있다. '뛰어나고 깊이 깨달은 것이 소(昭)이고, 선을 행하여 기록하는 것이 헌(憲)'이라는 뜻에서 '소헌'으로 지어졌다고 한다. 통찰력과 굳은 강단 그리고 평생 검소하고 선을 행하던 왕비.

곧 세종이 성군이라면 그 성군 노릇을 잘할 수 있게 한 내조의 여왕이 있으니 그가 바로 소헌왕후이다. 필자의 지론대로 영웅 뒤에는 항상 그보다 몇 배 훌륭한 여성이 있기 마련이다. 세종과의 사이에서 무려 8남 2녀를 낳은 그는 정 깊은 아녀자이자 다복한 어머니였다. 이뿐 아니라 세종은 두 살 연상인 아내 소헌왕후를 맞이할 때마다 반드시 일어서서 예를 갖추었다고 한다.

세종이 왕이니까, 조선시대 최고의 성군이니까 부부 사이도 역시 좋았으리라고 지레짐작해서는 안 된다. 소헌왕후의 파란만장한 인생 역정을 들여다보노라면 세종을 세종답게 만든 그이의 인품과 지혜가 한참 윗길에 있어야 비로소 가능한 일이었음을 인정하게 될 것이다. 먼저 가족의

석보상절,
훈민정음 조선 대장경의 길을 열다

비극. 그의 부모와 형제들은 그가 왕비가 됐다는 기쁨도 잠시, 왕비의 가족이라는 이유만으로 외척 세력을 근절하겠다는 시아버지 태종의 명으로 멸문지화를 당해야 했다. 그것도 세종이 1418년 왕으로 즉위하자마자 일어난 일이다.

상왕이었던 태종은 먼저 소헌왕후의 아버지 심온에게 죄를 씌워 죽이고 어머니와 동생들은 관청의 노비로 만들었다. 세종은 아버지 태종이 벌이는 그 참담한 상황을 속수무책으로 지켜보아야만 했다. 새로 등극한 왕이면 무엇하랴. 무능하기 필부만도 못한 남편과 그 끔찍한 가족의 비극을 소헌왕후는 묵묵히 견뎌야만 했던 것이다. 이미 태종에 의해 시어머니 원경왕후의 친정이 풍비박산 나는 것을 목도한 전례가 있었기에 당시 4남매의 어머니였던 소헌왕후는 자신과 자녀들의 안위 또한 살얼음판에서 지켜내야만 했을 것이다.

게다가 역적으로 몰린 친정아버지로 인하여 소헌왕후는 폐비까지 거론되었지만 이미 정의공주와 두 아들(문종, 세조)을 낳고 셋째 아들 안평을 임신 중이었기에 이를 모면할 수 있었다. 태종도 외척 세력을 없애는 것이 목표였지 새 왕비를 뽑아 또다시 외척 세력이 생기는 악순환을 원치 않았다. 이렇게 조선시대 초기 건국의 기틀을 다질 당시에 왕비가 되는 일은 어쩌면 세상에서 가장 어렵고 무섭고 끔찍한 일이었는지도 모르겠다. 그러니 모진 세월을 함께 이겨낸 세종이 아내를 대하는 마음이 어떠했을까.

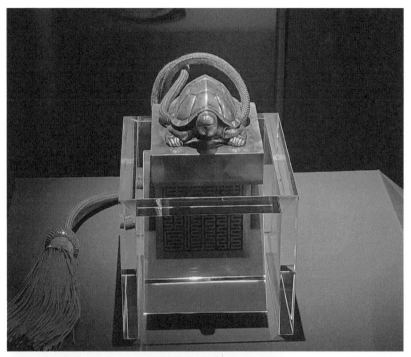

| 소헌왕후의 어보 |
(영릉 세종대왕역사문화관)

소헌왕후 어보 昭憲王后御寶

Royal Seal of Queen Soheon

1446년(세종 28) | 복제품
1446 | Reproduction

세종 비 소헌왕후의 어보로 1446년(세종 28)에 '소헌昭憲'이라는 시호를
올리면서 만든 것이다. 조선 초기의 사실적인 어보 형태를 나타내고
있으며 장식이 거의 없고 얇은 목각선으로 표현했다.

昭憲 소헌   ※ 소헌 昭憲 : 행동이 착하여 본보기가 될 만함
王后之寶 왕후지보

석보상절,
훈민정음 조선 대장경의 길을 열다

여자 세종 소헌왕후, 훈민정음 문자에 날개를 달다

세종은 모두 22명의 자녀를 두었는데 후궁이 무려 12명이었다. 소헌왕후는 이들을 잘 거느려서 조선 역사상 내명부를 가장 안정적으로 다스린 왕비로 알려지고 있으며, 이것이 세종의 업적에 좋은 영향력을 끼쳤다는 평가를 받고 있다. 조선시대 왕비의 롤 모델이었던 것이다. 뿐만 아니라 세종이 산행 간 사이 궁궐에 화재가 났을 때는 직접 진두지휘해 불을 끄는 등 통솔력과 순발력도 뛰어나 부창부수, 여자 세종이라 불러도 손색이 없을 듯하다. 이 정도면 「석보상절」과 「월인천강지곡」이라는 조선 최고 걸작 탄생의 주인공이 될 만하지 않은가.

그러한 소헌왕후가 훈민정음 반포를 6개월 앞둔 1446년 3월에 세상을 떠났다. 반포는 우리 모두가 아는 한글날이다. 음력 9월 상순을 양력으로 환산한 10월 9일이다. 갖은 어려움을 이겨내고 순탄한 40대를 보낸 소헌왕후에게 1444년부터 엄청난 일이 닥친다. 딸이 왕비가 된 탓에 한 많은 인생을 살다 간 친정어머니 순흥안씨가 1444년 11월에 돌아가신다. 그로부터 생때같은 스무 살 안팎의 5남 광평대군(1425~1444)이 12월에, 7남 평원대군(1427~1445)이 이듬해 1월에 연달아 세상을 떠났다. 굳건했던 소헌왕후도 상심하여 건강을 잃고 말았다. 정인지(1396~1478)가 쓴 '소헌왕후 영릉지'에는 이렇게 소헌왕후를 기리고 있다.

왕후는 나서부터 정숙하고 완만하여 오직 덕을 행하였다. 우리 전하 세종께서 사저에 살고 있을 적, 태종께서 훌륭한 문족 중에서 배필을 구하였다. …… 인자하고 검소하여 엄숙하고 온화한 아름다움을 이루었다. 왕후가 들어오고 물러갈 때는 전하께서 반드시 일어서시니, 그 공경하고 예로 대하심이 이와 같았다.

한편 평생의 의지처였던 아내와 두 아들을 3년 동안에 잃게 된 세종 또한 세상이 무너지는 일이었을 것이다. 특히 어린 시절부터 함께 자라고 동고동락한 아내이자 어머니 같은, 어쩌면 그 둘을 합한 관세음보살 같은 존재 소헌왕후가 없는 세상이라니…….

그러나 엄마를 잃은 둘째 아들 수양대군(1417~1468)도 세종 못지 않았으니 소헌왕후는 각별했던 수양대군의 집에서 며느리 정희왕후의 병간호를 받다가 세상을 떠났다. 수양의 슬픔은 깊디깊었다. 이 서른 살 아들의 엄마 잃은 절절함이 단숨에 24권짜리「석보상절」을 지은 것이다.

12년 후인 1459년 수양이 세조임금이 된 지 5년 째에는 아버지 세종의「월인천강지곡」을 합편한「월인석보」를 만드는 것으로 이어진다. 그 슬픔을「월인석보」서문에 이렇게 토로하고 있다.

예전 병인년 1446년에 소헌왕후께서 이승을 빨리 하직하시니 섧고 슬픔에 싸여 어찌할 바를 알지 못하고 있으매, 세종께서 나에게 이르시기를 극락왕생 발원이 경전을 널리 알리는 것만 한 것이 없으니 네가 석보를 만들어 번역하는 것이 마땅하겠구나.

―「월인석보」서문 중에서

석보상절,
훈민정음 조선 대장경의 길을 열다

세종이 어머니를 여의고 어쩔 줄 모르는 아들에게 하는 말이 들리는 것만 같다.

"아들아, 너까지 몸 상하면 안 된다. 그러니 어머니의 부재를 잊고 그 부재를 넘어설 뜻있는 일을 하는 것. 그것은 바로 어머니의 극락왕생을 발원하는 「석보상절」을 짓는 일이고 너만이 그 일을 할 수 있다."고 담담하지만 큰 울림으로 아들에게 말하고 있다.

소헌왕후에게 바치는 세종 세조 부자의 사부곡, 사모곡

언제나 내 편이었던 부자의 평생 의지처가 이제 이 세상에서 사라진 것이다. '저세상에 가서서도 우리를 위해 애쓰실' 소헌왕후에게 당신이 살아서 바라던 대로 잘하겠노라는 서약서가 바로 「석보상절」이요, 「월인천강지곡」이다.[3] 이 부자의 신들린 신명을 보라.

수양대군이 10개월 만에 완성한 대작 「석보상절」 24권을 보고 세종은 금세 노래를 지었다는데 그것이 「월인천강지곡」으로 무려 600여 수이다. 낮밤을 잊고 정사가 바쁜 와중에 훈민정음으로 지은 최초의 산문 불경 「석보상절」과 운문 불교 게송 「월인천강지곡」은 이렇게 탄생하였다.

우리는 이 대단한 책을 이제부터 찬찬히 읽어 나가기로 한다. 세종과 세조의 육성이요, 친필로 써 내려간 최초의 훈민정음이다. 그것이 유교의 나라를 세웠어도 막을 수 없는 운명 같은 사랑 석가모니의 일대기였다는

---

3 정진철(2009), 어머니, 〈문예사조〉 제6권 통권 16호 '신인문학상' 시 중에서.

점이 중요하다. 그를 통해 소헌왕후의 극락왕생과 조선의 온 백성이 누리는 지식의 극락정토 실현을 발원한 것이었다.

　이제「석보상절」의 서문을 통해 책의 개요와 현존하는 첫 책 3권의 순서를 소개한다.

석보상절,
훈민정음 조선 대장경의 길을 열다

○

「석보상절」의 의미와 편찬 다빈치 코드

●

「석보상절」과 「월인천강지곡」은 일심동체

「석보상절(釋譜詳節)」은 석가모니께서 태어나고 열반에 드실 때까지의 일생과 설법한 경전 내용[釋譜]을 자세히 할 것은 자세히 하고[詳] 간략히 할 것은 간략하게[節] 편집한 조선시대 최초의 훈민정음 불경이다.

이와 짝을 이루는 「월인천강지곡(月印千江之曲)」은 불교의 진리를 상징하는 달[月]이 하나이지만 지상에 있는 천 개의 강[千江]에 똑같이 도장[印] 찍히는 것처럼 부처의 진리가 온 세상에 두루함을 노래[曲]한 것이다. 특히 「석보상절」의 내용을 게송처럼 요약한 시이다. 곡조도 「용비어천가」의 글자 수와 비슷한 것을 볼 때 비슷하였으리라고 생각한다. 조선시대에는 옛 곡조에 노래 가사만 바꿔 부른 경우가 많기 때문이다.

일반적인 불교경전의 형식은 부처의 설법 내용을 전한 뒤에 요약한 게송이 이어지는 '산문+운문' 순서로 되어 있다. 산문 「석보상절」을 설명하기 위해서 운문 「월인천강지곡」이 등장해야 하는 이유이다. 그러므로 이 두 책은 '바늘과 실'처럼 한 세트요 둘이 묶여야 온전한 불교경전의 형식을 갖춘 책이 되는 것이다. 다시 말해 「석보상절」을 지을 때 이미 「월인천강지곡」이 예견되어 있던 것이요 언젠가는 하나로 합쳐져야 할 운명이었다.

그리하여 1459년 세조는 이 두 책을 드디어 합편하였다. 조선의 최초 대장경 「월인석보」는 그렇게 탄생한 것이다. 그러나 불경의 '강설+게송'의 형식을 따르자면 제목이 '석보+월인'이 되어야 한다. 실제 지어진 순서도 「석보상절」이 먼저였으나 수양대군은 자신이 왕(세조)이 된 지 5년 후인 1459년, 아버지 세종의 노래 「월인천강지곡」을 앞세우고 아들인 자신의 산문 「석보상절」의 순서를 뒤로 하여 '월인+석보'의 순서로 완성한다. 「월인석보」는 조선식 대장경의 시작이다. 그러므로 이 세 책은 부모와 자식이 대를 이어가며 쓴 책이요 둘이 합해 하나가 되고 나누면 셋이되는 '다즉일 일즉다'의 화엄사상을 실현한 책이라 하겠다. 앞으로 「석보상절」을 이야기하면서 우리는 정신 바짝 차리고 함께 이 세 책을 종횡무진 누벼야 할 것이다. 이름이 비슷하다고 헷갈리면 안 된다. 하지만 이 셋의 존재가 각자를 오롯이 드러내는 관계임도 결코 잊어서는 안 될 것이다.

석보상절,
훈민정음 조선 대장경의 길을 열다

「석보상절」과 「월인천강지곡」의 완성 속도는 세계 불가사의

그렇다면 이 24권의 대작 「석보상절」과 600여 수의 대서사시 「월인천강지곡」의 분량과 완성 속도는 어떠했을까. '묻지도 따지지도 않고' 기네스북에 오를 만하다. 21세기 데이터베이스를 바탕으로 한다 해도 훈민정음 반포 10개월 만에 이렇게 방대하고 훌륭한 산문과 운문을 짓기는 불가능한 일이다. 이 책이 훈민정음 창제 때부터 준비되어 있었다는 방증이요, 조력자들이 있었다는 말에 다름 아니다.

「월인석보」 서문에는 책의 자문단으로 명기된 열한 명의 동참자가 등장한다. 정독을 해 나가다 보면 「석보상절」에서는 김수온이, 「월인석보」에서는 신미의 목소리가 오버랩될 때가 있다. 과연 그럴까. 찬찬히 읽어 보기로 하자.

한편 꼼꼼히 읽은 독자라면 세종과 세조가 두 책을 짓기에 충분한 역량을 갖춘 불교학자임을 믿어 의심치 않을 것이다. 그러나 읽기를 거듭할수록 이것은 한 천재의 단독 작업으로 할 수 있는 일이 아님을 또한 알게 될 것이다. 세상에 없던 문자의 창조와 새 문자로 불교경전의 엑기스만을 모아 완성도 높게 편찬하는 작업은 집단 지성의 힘이 아니면 불가능한 일이다.

샘이 깊은 물은 내를 이루어 바다로 모인다.

집단 지성의 힘이 빛나는 훈민정음 대장경의 다빈치 코드

현재 훈민정음 창제에 관여했다고 알려진 이는 신미 대
사이고 「석보상절」의 저본으로 추정되는 「증수석가보
(增修釋迦譜)」를 편찬한 김수온은 그의 아우이다. 지금
도 충북 영동 김씨 족보와 가문에는 그들이 훈민정음
창제와 그 문자를 활용한 「석보상절」과 「월인석보」
편찬에 관여했다는 이야기가 전해지고 있다. 그
러나 그들뿐이랴. 「석보상절」과 「월인천강
지곡」을 합하고 수정 보완해 환골탈태
시킨 「월인석보」에는 총 열한 분의
이름이 열거되어 있다.

　　혜각존자 신미(信眉)와 판선종사
　　수미(守眉), 판교종사 설준(雪埈),
　　연경사 주지 홍준(弘濬), 전 회암
　　사 주지 효운(曉雲), 전 대자사
　　주지 지해(智海), 전 소요사 주지
　　해초(海超), 대선사 사지(斯智), 학
　　열(學悅), 학조(學祖), 가정대부동
　　지중추원사 김수온(金守溫).

석보상절,
훈민정음 조선 대장경의 길을 열다

김수온 빼고 모두 스님이다. 이것은 무엇을 의미하는가

훈민정음을 창제하였다. 훈민정음 사용설명서인 '훈민정음해례본'이 쓰여졌다. 거기에 관여한 기록이 없는 사람들이 훈민정음으로 쓴 첫 번째 책에 자문단으로 대거 참여하고 있다. 그렇다면 훈민정음을 모르는데 아무리 불교 관련 책이라 하더라도 훈민정음으로 쓴 책에 대하여 왕에게 왈가왈부 자문을 할 수 있을까. 어불성설이다.

한 발자국만 더 나가보자. 세조는 1459년 「월인석보」를 편찬한 2년 후 1461년에 간경도감을 설치해 현재 우리에게 가장 많이 알려진 거의 모든 주요 경전을 훈민정음 불경으로 재탄생 시킨다. '능엄경언해'를 필두로 '법화경언해·금강경언해·반야심경언해·아미타경언해·원각경언해' 등이 1462년부터 1467년 5년 사이에 훈민정음 불경으로 다시 태어난다. 거기에 이들이 주도적인 역할을 하고 있다. 신미는 '목우자수심결·사법어·몽산화상법어'를 아예 훈민정음으로 번역하고 있다.

우리는 아직도 '훈민정음'이란 문자의 우수성, 독창성, 과학성, 체계성, 합리성이란 단어에만 열광한 채 머물고 있는 것은 아닌가. '무엇이 우수한지 과학적인지를 설명하시오.' 라는 문제가 나오면 어떻게 답하실 텐가.

문자가 아무리 완벽하더라도 말로 사용되고 문장으로 활용되지 않는다면 무용지물이다. 세상의 얼마나 많은 문자와 언어가 사어가 되고 지금도 사라지고 있는가. 훈민정음은 600년 전 태어나 지금까지 성성한 활어처럼 세계를 좁다 하고 헤엄치며 한류 문화를 선도하고 있다. 그것은 훈민정음으로 지어진 첫 번째 책 「석보상절」과 「월인천강지곡」 덕분이고 그

석보상절.
훈민정음 조선 대장경의 길을 열다

것을 쓴 대표 저자들과 아직까지 우리가 눈감고 있는 집단 지성들 덕분이다. 이제 그들을 만나러 가는 첫걸음을 「석보상절」 서문으로 시작하는 시간이다.

「석보상절」 서문 앞에 '훈민정음 언해' 사용설명서

사람들은 흔히 훈민정음을 얘기할 때 "나랏말씀이 중국과 달라……"로 시작되는 세종이 지은 훈민정음 책 서문을 읊조린다. 이 서문이 「월인석보」에도 등장한다. 「월인석보」의 차례는 '훈민정음'으로 쓴 서문과 예의(例義)로 시작해 팔상도(八相圖), 「석보상절」 서문과 「월인석보」 서문, 「월인석보」 본문으로 이루어져 있다.

「월인석보」가 불교 책인데 훈민정음 설명으로 시작하는 것에 대하여 의구심을 품는 사람들도 있으나 이 책의 목표는 훈민정음을 백성들에게 알리기 위한 첫 번째 책이라는 사실을 기억해야 한다. 먼저 새로 만든 글자 훈민정음을 익히고 그 다음에 새 글자로 이루어진 문장 「석보상절」을 차근차근 익히게 하려는 배려였던 것이다.

독자가 세종이라면 어떻게 했을까. 우리 할머니와 어머니 세대까지만 하더라도 글자를 못 읽는 사람들이 많았다. 심지어 내가 고등학교에 다닐 즈음에도 여자는 대학에 갈 필요가 없다고 생각하는 부모들이 많았다. 그들은 50대가 되어 대학에 가고 70대에 한글학교를 다니며 글자로 열린 새 세상에 태어나 두 번째 인생을 살고 있다.

21세기가 이러할진대 하물며 600년 전 양반 중심, 남존여비의 계급사회

였던 조선에서 중국의 한자로만 이루어진 문자 철옹성 바깥에 있던 사람들은 어떠했을까. 문자는 그 시대 특권층의 전유물이었다. 힘없는 그들에게 새로운 문자 세계를 열어준 사람이 바로 세종이다. 조선의 백성들 모두에게 특권을 준 것이다. 마치 신라의 원효가 왕족과 귀족만 읊조리던 '부처'와 '나무아미타불'을 대중에게 알려 준 것처럼.

이제 그의 마음자리에 서서 아들 수양대군의 입을 통해 그가 지은 「석보상절」 서문을 읽어 보자. 서문의 형식은 본문이 나오고 그 다음에 본문을 해설하는 주석으로 이루어져 있다. 그러나 주석을 일일이 풀이하다 보면 본문의 맥이 끊겨 유려한 수양대군의 육성을 듣지 못하는 문제가 생긴다.

그리하여 주석의 내용은 현대어 번역과 풀이에서 충분히 살리기로 하고 여기서는 본문 내용을 충실히 전달하고자 한다.

석보상절,
훈민정음 조선 대장경의 길을 열다

세 번째 이야기

○

「석보상절」 속 훈민정음 대사전과 편찬 목적

●

「석보상절」 서

| 광릉. 세조의 왕능 |

釋셕譜뽕詳썅 節졇 序썽
론〮 ᄠᅳᆮ子ᄌᆞᆼ細솅

셩〮히〮ᄡᅥ〮後ᅘᅮᇢ學ᄒᆞᆨ人ᅀᅵᆫᄉᆞᄅᆞᆯ
몰〮알〮의〮ᄒᆞᇙ거〮시〮라〮

佛〮뿛이〮爲윙三삼界갱之징尊존ᄒᆞ샤

ᄒᆞ야〮브톄〮시〮니〮라〮爲윙ᄒᆞ논ᄠᅳᆮ
은〮부톄〮시〮니〮라〮爲ᄒᆞ논ᄠᅳᆮ
외〮야〮겨〮실〮ᄊᆡ〮

三삼界갱ᄂᆞᆫ欲욕界갱色ᄉᆞᆨ界갱無무
석界갱갱라〮之징ᄂᆞᆫ입〮겨〮지라〮尊존ᄋᆞᆫ
노〮ᄑᆞ신〮부〮니〮시〮니〮라〮ᄒᆞ논ᄠᅳᆮ디〮라〮

부톄〮三삼界갱옛〮尊존이〮ᄃᆞ외야〮겨〮샤

弘ᅘᅮᆼ渡똥群꾼生ᄉᆡᆼᄒᆞ시〮ᄂᆞ니〮빌

석보상절,
훈민정음 조선 대장경의 길을 열다

서문의 형식을 보면 먼저 한문에 토를 달아 굵고 큰 글씨로 원문을 쓴다. 그리고 거기서 설명이나 풀이가 필요한 사전적 정의를 한 행을 두 줄로 나누어 주석을 단다. 우리는 이것을 세주(細註) 또는 협주(夾註)라고 부른다.

그리고 줄을 바꾸고 한 칸 내려써서 훈민정음으로 지은 우리말「석보상절」서문이 펼쳐진다.

    < 석보상절 서 釋譜詳節序 >

    佛이 爲三界之尊ᄒᆞ샤

    ( )부톄 三界옛 尊이 ᄃᆞ외야겨샤

    弘渡群生ᄒᆞ시ᄂᆞ니

    ( )衆生ᄋᆞᆯ 너비 濟渡ᄒᆞ시ᄂᆞ니 無量功德이 그지업서

    몯내 혜ᅀᆞᄫᅩᆯ 功과 德괘 人天 所不能盡讚이시니라

    ( )사ᄅᆞᆷ둘콰 하ᄂᆞᆯ둘히 내내 기리ᅀᆞᆸ디 몯ᄒᆞᅀᆞᆸ논 배시니라

    — — —

    〈 석보상절 서 〉

    부처께서 삼계의 높은 분이 되어 계셔서 중생을 널리 제도하시니

    그지없어 못내 헤아릴 공과 덕은

    사람들과 하늘들이 내내 (다) 기리지 못하는 바이시다.

「석보상절」의 서문은 이렇게 시작한다.

부처께서 이 세상의 가장 높은 '세존世尊'으로 우리에게 오셔서 살아 있는

모든 것을 제도하셨다. 그러한 부처의 공덕이 그지없어 인간 세상과 하늘 세상에 이르기까지 이루 다 말로 찬탄하지 못하도록 크디크다는 것이다.

「석보상절」은 이렇게 부처의 공덕을 기리며 우리를 제도하러 이 세상에 온 목적을 명시하고 있다. ( )표시를 한 것은 한문 문장을 쓰고 행을 바꾸어 한 칸을 들여쓰기를 해서 훈민정음으로 풀이하고 있다는 표시이다.
　다음에 '조선국어 대사전'이라고 할 작은 글씨로 씌어진 협주의 순 우리말 풀이의 새로운 세계를 만나 보자. 얼마나 쉽고 정곡을 찌르는 언어의 대향연이 펼쳐지는지 깜짝 놀랄 것이다.

　이 〈석보상절 서〉에는 훈민정음 사전이라고 할 수 있는 '협주(夾註)'가 등장한다. 내가 처음 영어 알파벳을 배우고 단어를 공부했을 때를 생각해 보자. 먼저 '서(序)'라는 훈민정음 단어의 뜻이 궁금하지 않은가.

　석보상절 서 釋譜詳節序
　'序는 글 밍ᄀᆞ론 ᄠᅳ들 子細히 ᄡᅥ 後ㅅ 사ᄅᆞ물 알의 ᄒᆞ논 거시라'

　'서는 책을 만드는 뜻을 자세히 써서 나중 사람들에게 알게 하는 것이다.'
　누가 이보다 더 이상 친절하고 쉽고 간결하게 정의할 수 있는가. 이것이 「석보상절」 '훈민정음 사전'의 위엄이다. 그 다음 첫 한문 문장은 이렇게 시작하였다.

석보상절,
훈민정음 조선 대장경의 길을 열다

佛이 爲三界之尊ᄒ샤

佛은 부톄시니라 爲ᄂᆞᆫ ᄃᆞ외야 겨실씨라 三界ᄂᆞᆫ 欲界 色界 無色界라 之ᄂᆞᆫ 입겨지라 尊ᄋᆞᆫ 노ᄑᆞ신 부니시니라 ᄒᆞᄂᆞᆫ 쁘디라

佛(불)은 부처이시다. 爲(위)는 되어 계시는 것이다. 삼계는 욕계 색계 무색계이다. 之(지)는 소유격을 나타내는 어조사이다. 그리하여 '부처께서 삼계의 높은 분이 되어 계셔서'라는 유려한 21세기 현대 국어로 탄생하는 것이다.

여기서 눈에 띄는 단어는 '부처'이다. '부처님'이라고 쓰지 않았다. 당시 훈민정음 표기는 '부텨'라고 썼다. 지금 우리가 'Buddha'를 '붓다'라고 표기하고 '붓다님'이라고 하지 않는 것과 같다. 부처를 존경하지 않는다는 표현이 아니라 산스크리트 원어에 가까운 직역이라고 할 수 있다. 한자로는 '佛(불)'이다. 15세기에 지금보다 더 원어에 가까운 번역이 이루어진 셈이다.

한편 이러한 방식으로 풀이한 '중생(衆生)'이란 말도 예사로 들리지만 세종 시대에 '중생'은 짐승을 뜻했다. 그 말의 의미가 넓어져 인간을 포함한 살아 있는 '유정(有情)'을 뜻하게 되었다. '유정'은 '무정(無情)'에 상대되는 말이다. 중생이 모든 살아 있는 것들을 총칭한다면 유정은 감정과 의식이 살아 있는 존재(sattva)를 의미한다. 무정은 산천초목같이 마음이 있다고 할 수 없는 존재들이다.

'중생'은 구마라집(鳩摩羅什, 344~413)이나 진제(眞諦, 499~569) 삼장

(三藏) 때 번역이다. 서유기에 나오는 그 유명한 현장법사(602~664)가 '유정과 무정'으로 번역했다고 한다. 이처럼 훈민정음으로 지어진 글을 읽다 보면 그동안 전혀 생각지 않고 살던 내 모국어의 뿌리와 의미의 변화 등을 알게 되는 직관력이 증폭되어 가외로 즐겁다. 그러나 이렇게 사전적 정의인 협주를 풀이하다 보면 본문 내용이 저만치 가 있어 그 다음 본문과 연결이 어렵다. 언젠가 '석보상절 대사전' 출간을 발원하며 이제부터는 풀이를 본문에 녹여가면서 「석보상절」 편찬의 동기를 읽어가기로 한다.

「석보상절」 편찬의 목적 : 1 불교를 깊이 있게

世之學佛者ㅣ

( )世間애 부텻 道理 비호ᅀᆞᄫᆞ리

鮮有知出處始終ᄒᆞᄂᆞ니

( )부텨 나아 ᄃᆞ니시며 ᄀᆞ마니 겨시던 처ᅀᅥᆷ ᄆᆞᄎᆞᄆᆞᆯ 알리 노니

雖欲知者ㅣ라도

( )비록 알오져 ᄒᆞ리라도

亦不過八相而止ᄒᆞᄂᆞ니라

( )ᄯᅩ 八相ᄋᆞᆯ 넘디 아니ᄒᆞ야셔 마ᄂᆞ니라

― ― ―

세간의 부처 도리를 배우려고 하는 이가 (있어도)

부처 태어나 다니시며(활동) 가만히 계시던(임종) 처음부터 마지막

석보상절,
훈민정음 조선 대장경의 길을 열다

까지 아는 이가 드무니

비록 알고자 하는 사람이라도

또 팔상도에 나오는 그림을 넘지 못하고 마느니라.

이제 「석보상절」을 쓰게 된 본론이 나온다. 때는 1447년이다. 기억을 더듬어 보자. 학창 시절 열심히 외운 실력, 훈민정음이 언제 만들어지고 반포되었는지를……. 1443년 세종 즉위 25년에 문자를 만들고 시험 삼아 1445년에 「용비어천가(龍飛御天歌)」를 지어 조선 건국의 정당성을 찬양하였다. 그리고 1446년 9월 상한(上澣) 곧 양력으로 10월 9일쯤 반포하였으니, 우리는 그날을 지금 '한글날'이라 부른다.

그리하여 훈민정음으로 쓴 첫 번째 산문책, 1447년 음력 7월에 완성한 무려 24권짜리 방대한 「석보상절」의 그 서문을 우리가 읽고 있는 것이다. 훈민정음 반포 후 채 1년도 못 되어 완성한 24권짜리 책. 이것은 무엇을 의미하는가. 10개월 만에 24권짜리 전집을 완성한다는 것이 대체 가능한 일인가. 우리가 풀어야 할 첫 번째 '다빈치 코드'이다.

두 번째 다빈치 코드는 이 조선이라는 세상에서 훌륭한 부처의 가르침을 배우고자 하는 사람이 있다 하더라도 부처가 태어나서 살아가며 열반에 드실 때까지 상세히 아는 사람은 아주 드물다는 구절이다.

원문 '알리 노니'는 15세기 국어로 '아는 사람이 드물다'는 옛말이다. 처음 이 글을 독학으로 읽었을 때 훈민정음이 띄어쓰기가 되어 있지 않아 '알리노니'로 붙여서 읽었다. '부처의 생애 처음부터 끝까지 「석보상절」로 알리노니' 라는 뜻인 줄 알았다. 우리는 여기서 잊혀져 가는 '드물어서

귀하다'라는 뜻의 정말 귀한 '놀다'라는 우리말을 새롭게 만난다. 모국어의 능력이 증폭되는 즐거운 「석보상절」 독서. 비록 부처의 가르침을 더 알고자 하는 사람이라도 겨우 〈팔상도〉에 그려진 여덟 가지 그림의 내용을 이해하는 데서 그치고 만다는 것이다.

「석보상절」 편찬의 목적 : 2 소헌왕후의 극락왕생

무엇인가 이상하지 않은가. 이때가 어느 시대라고. 바로 조선시대이다. 불교가 국교였던 통일신라나 고려시대가 아니다. 조선은 '유교(儒教)'를 국시로 삼고 억불숭유(抑佛崇儒) 정책을 펼쳤다고 귀가 따갑게 듣지 않았던가. 심지어 세종은 삼국시대 이래 고려시대 불교를 대표하는 다섯 가지 교종과 아홉 산문에 자리 잡았던 선종, 5교 9산을 혁파하고 선교 양종으로 불교를 대폭 축소시킨 주인공이다. 그런 세종이 다음과 같이 말하며 세조가 왕자였던 수양대군 시절 「석보상절」을 짓고 서문을 쓰게 한 사실이 「월인석보」 서문에 자세하다.

> **세종께서 나(수양대군)에게 말씀하시기를 "추천(推薦: 세종의 왕비 소헌왕후 극락왕생 기도)이 경전을 옮겨 쓰는 것보다 좋은 것이 없으니 네가 석보를 만들어 번역하는 것이 마땅하겠다." 하였다.**

이것이 조선 왕실의 양면성이요, 진심을 담은 세종의 육성이다. 다음

석보상절,
훈민정음 조선 대장경의 길을 열다

구절은 수양대군의 목소리로 쓴「석보상절」의 출간 목적이다.

頃에 因追薦ㅎᅀᄫᅡ

　近間애 追薦ㅎᅀᄫᅩᆯ모 因ㅎᅀᄫᅡ

爰采諸經ㅎ야

　이저긔 여러 經에 굴히여내야

別爲一書ㅎ야

　各別히 ᄒᆞᆫ 그를 밍ᄀᆞ라

― ― ―

근래에 (소헌왕후의) 명복을 빌기 위하여

이때까지 (나온) 여러 경전에서 가려내어

각별히 한 책을 만들어

　소헌왕후는 앞서 본 바와 같이 세종의 부인이자 수양대군의 어머니이다. 일찍 세상을 떠난 소헌왕후를 위하여 남편과 아들이 극락왕생을 비는 것이 어쩌면 이 책을 출간한 직접 이유라고 할 것이다. 그러므로 만든 기간은 1년이 채 안 됐지만 책을 얼렁뚱땅 만든 것이 아니다. 조선 시대까지 유통되고 가장 많이 회자된 불교경전, 그 시대 사람들이 가장 중요하다고 생각한 '경·율·론' 삼장을 망라하여 엄선 또 엄선한 요체들을 모아서 '각별히' 만든 책이다.

　「월인석보」 서문에 더 자세한 내용이 나오는데 12부 수다라를 섭렵할 능력이 있는 사람이 만든 것이다. 12부 수다라는 12부경이라고도 하는 석가모니의 교설을 12가지로 분류한 경전이라는 뜻이다. 한마디로 고려 팔만대장경에서 엑기스만 뽑은 조선 대장경이라는 것이다.

그러면 도대체 누가? 세종 또는 세조가? 물론 이 두 왕도 불교에 조예가 깊고 세상이 다 아는 박학다식한 천재들이다. 그러나 기록은 남아있지 않지만 정독을 하다 보면 「석보상절」 뒤에는 김수온의 체취가 느껴지고 「월인석보」 뒤에는 신미 대사가 서 있는 모습이 느껴진다. 그것은 1462년 간경도감에서 '능엄경언해'를 만들 때 세조가 구결을 달고 김수온과 신미가 번역을 했다는 사실에서도 뒷받침 된다.

김수온은 신미 대사의 동생으로 1446년 「증수석가보(增修釋迦譜)」를 지었다는 기록이 있다. 「석보상절」보다 훨씬 자세하고 철학적인 「월인석보」에는 훈민정음 창제의 주역들인 왕자와 왕들이 스승으로 추앙해 신하들의 질시를 한 몸에 받았던 신미 대사의 자취가 남아있음을 생각하지 않을 수 없는 것이다.

하지만 신미 대사에 대해서는 '전설따라 삼천리' 같은 구전과 속리산 법주사와 복천암, 충북 영동 김씨 가문 등에 내려오는 일화들이 거의 대부분이다. 조선왕조실록에는 그와 반대로 간사한 승려로 매도되고, 기록을 찾아서 삭제라도 한 듯 남아있는 것이 거의 없다. 그렇기에 역설적으로 갈수록 흥미진진해지는 훈민정음과 그 문자로 지어진 「월인석보」의 세계!

「석보상절」의 서문 두어 구절만 읽었을 뿐인데 이렇게 도도하고 장엄한 불교와 훈민정음의 향연이 펼쳐진다. 과연 이번 생에 다시 없을 이 아름다운 경전을 읽지 않고 어이하리.

석보상절,
훈민정음 조선 대장경의 길을 열다

◯

「석보상절」은 훈민정음 최초 산문 작품

●

「석보상절」 제목의 의미

名之曰 釋譜詳節이라 ᄒᆞ고

일훔 지허 ᄀᆞ로디 釋譜詳節이라 ᄒᆞ고

旣據所次ᄒᆞ야

ᄒᆞ마 次第 혜여 밍ᄀᆞ론 바를브터

繪成世尊成道之迹ᄒᆞᇢ고

世尊ㅅ 道 일우샨 이러 양ᄌᆞ를 그려 일우ᅀᆞᇸ고 <月釋1:釋序5ㄴ>

— — —

이름 지어 가로되 '석보상절(釋譜詳節)'이라 하고 이미 차례를 헤아 려 만든 바에 따라서 세존의 도리 이루신 모습(팔상도)을 그리고

네 번째 「석보상절」 이야기는 '석보상절'의 뜻을 친절하게 훈민정음으 로 풀이하고 이 책의 간행 목적, 그리고 「석보상절」 완성을 정확하게 기 록한 중요한 내용의 결정체가 들어있는 '석보상절 서문'의 마지막 부분 이다.

훈민정음으로 지어진 첫 책은 12부 수다라에서 철저히 가려 뽑아 '석 보상절'이라 하였다고 하였는데 사전 역할을 하는 협주에 그 설명이 상 세하다.

名은 일후미니 名之는 일훔 지흟씨라

曰은 ᄀ로디 ᄒ논 ᄠ디라

釋은 釋迦ㅣ시니라

譜ᄂᆞᆫ 平生앳 처럼 乃終ㅅ 이를 다 쑨 글와리라

詳ᄋᆞᆫ 조ᅀᆞᄅᆞᄫᆡᆫ 말란 子細히 다 쓸씨라

節은 조ᅀᆞᆰ디 아니ᄒᆞᆫ 말란 더러 쓸씨라

旣ᄂᆞᆫ ᄒᆞ마 ᄒᆞ논 ᄠ디라

據는 브틀씨라

次ᄂᆞᆫ 次第 혜여 글왈 밍ᄀᆞᆯ씨라

繪ᄂᆞᆫ 그릴씨라

成은 일울씨라

석보상절, 훈민정음 조선 대장경의 길을 열다

世尊온 世界예 뭇 尊ᄒᆞ시닷 ᄠᅳ디라

道ᄂᆞᆫ 부텻 法이라

迹은 처섬으로셔 ᄆᆞᆷ 니르리 ᄒᆞ샨 믈읫 이리라

———

名(명)은 이름이니 名之(명지)는 이름짓는 것이다.

曰(왈)은 '가로되' 하는 뜻이다.

釋(석)은 釋迦(석가)이시다.

譜(보)는 평생의 처음부터 끝까지의 일을 다 쓴 글월(문장)이다.

詳(상)은 중요한 말은 자세히 다 쓰는 것이다.

節(절)은 중요하지 않은 말은 덜어내어(생략) 쓰는 것이다.

旣(기)는 '이미'라는 뜻이다.

據(거)는 의거한다는 것이다.

次(차)는 차례 헤아려 문장(책) 만드는 것이다.

繪(회)는 그린다는 것이다.

成(성)은 이룬다는 것이다.

世尊(세존)은 世界(세계)에서 가장 존귀하시다 하는 뜻이다.

道(도)는 부처의 법이다.

迹(적)은 처음에서 마침에 이르기까지 하신 모든 일이다.

곧 석가모니의 '석(釋)', 일대기의 '보(譜)', 상세히 할 경전과 중요한
내용은 자세히 할 '상(詳)', 중요하지 않은 것은 과감히 절약할 '절(節)'
이라 하여, '석보상절(釋譜詳節)'로 이름 지었다는 것이다.

그리고 앞서 말한 바와 같이 용의주도한 세종과 그 아들 수양대군의 의도대로 훈민정음 학습서 겸 불교 홍포 목표를 겸하여 책의 목차도 면밀히 정했다. 애석하게도 「석보상절」 1권이 전하지 않지만 그 내용이 들어있는 「월인석보」에 준해 「석보상절」의 차례를 예상해 보면 다음과 같다.

「석보상절」 차례(추정)

① 훈민정음 서문과 예의
② 팔상도
③ 석보상절 서
④ 석보상절 본문

이러한 차례에 따라 먼저 '훈민정음'을 학습하고 조선 초기를 대표하는 정교한 작품으로 손꼽히는 〈팔상도〉를 그렸다. 석가모니의 일대기를 여덟 가지로 정리한 '도솔래의'부터 '쌍림열반'에 이르는 '팔상도'로 전체 개요를 이해한 뒤 훈민정음으로 쓰여진 「석보상절」을 한 글자씩 짚어가며 공부하도록 만들었다.

석보상절,
훈민정음 조선 대장경의 길을 열다

〈팔상도〉의 그림

① 도솔천에서 흰 코끼리를 타고 내려와 어머니 마야부인의 태몽으로 그려진 도솔래의상(兜率來儀相)

② 카필라국 룸비니 동산에 태어난 모습의 비람강생상(毘藍降生相)

③ 생로병사의 모습을 맞닥뜨리며 관찰하는 사문유관상(四門遊觀相)

④ 궁궐의 성문을 넘어 출가하는 유성출가상(踰城出家相)

⑤ 깨달음을 얻기 위해 설산에서 수도하는 설산수도상(雪山修道相)

⑥ 보리수 아래 수행 정진 중 마구니의 항복을 받아내는 수하항마상(樹下降魔相)

⑦ 녹야원에서 진리의 바퀴를 굴리는 녹원전법상(鹿苑轉法相)

⑧ 사라나무 사이에서 열반하는 쌍림열반상(雙林涅槃相)

〈팔상도〉와 '석보상절 서문'이 수록된 서강대본 「월인석보」 제1권의 '쌍림열반상'은 애석하게도 떨어져 나갔는데 다른 책의 〈팔상도〉에서 보충할 수 있다. 그 후 이 〈팔상도〉는 조선시대 불화의 주요 저본이 되었을 만큼 중요한 가치를 지니고 있다.

| 월인석보 권1 팔상도 첫 번째 그림 '도솔래의' |

석보상절,
훈민정음 조선 대장경의 길을 열다

「석보상절」편찬의 목적 : 3 오직 '백성'

이 여덟 가지 그림을 그린 다음에 「석보상절」책의 서문이 등장한다. 우리가 어릴 적 처음 글자를 익혀 한글을 떼면 그림책으로 넘어가듯이 그림으로 석가모니 일대기를 학습하고 만나는 최초의 산문 문장이 바로 이 '석보상절 서문'이다.

又以正音으로 就加譯解ᄒ노니

　또 正音으로ᄡᅥ 곧 因ᄒ야 더 翻譯ᄒ야 사기노니

庶幾人人이 易曉ᄒ야 而歸依三寶焉이니라

　사ᄅᆞᆷ마다 수ᄫᅵ 아라 三寶애 나ᅀᅡ가 븓ᄀᆞᆺ고 ᄇᆞ라노라

－ － －

또 훈민정음으로써 그에 따라 더 번역하여 새기니

사람마다 쉽게 알아 삼보에 나아가 의지(귀의)하기를 바라노라.

이 글에 대한 주석은 다음과 같다.

又는 ᄯᅩ ᄒᆞ논 ᄠᅳ디라

以는 ᄡᅥ ᄒᆞ논 ᄠᅳ디라

正音은 正ᄒᆞᆫ 소리니 우리 나랏 마ᄅᆞᆯ 正히 반ᄃᆞ기 올히 쓰ᄂᆞᆫ 그릴ᄊᆡ 일후믈 正音이라 ᄒᆞᄂᆞ니라

就는 곧 因ᄒᆞ야 ᄒᆞ둧 ᄒᆞᆫ ᄠᅳ디니 漢字로 몬져 그를 밍ᄀᆞᆯ오 <月釋1:釋序6ㄱ> 그

석보상절,
훈민정음 조선 대장경의 길을 열다

를 곧 因ᄒᆞ야 正音으로 밍ᄀᆞᆯ씨 곧 因ᄒᆞ다 ᄒᆞ니라

加ᄂᆞᆫ 힘드려 ᄒᆞ다 ᄒᆞ둣 ᄒᆞᆫ ᄠᅳ디라

譯은 翻譯이니 ᄂᆞ미 나랏 그를 제 나랏 글로 고텨 쓸씨라

— — —

又(우)는 '또'라는 뜻이다.

以(이)는 '써'라는 뜻이다.

正音(정음)은 正한 소리니 우리 나라 말을 바르게 반듯하게 옳게 쓰
는 글이므로 이름을 正音이라 하는 것이다.

就(취)는 '곧 因(인)하여' 하는 것과 같은 뜻이니 漢字(한자)로 먼저
글을 만들고 그것을 인하여 훈민정음으로 만들므로 '곧 인하여'라고
한 것이다.

加(가)는 힘들여 하다 하는 것과 같은 뜻이다.

譯(역)은 번역이니 다른 나라의 글을 우리나라 글로 고쳐 쓰는 것이다.

庶幾ᄂᆞᆫ 그러ᄒᆞ긧고 ᄇᆞ라노라 ᄒᆞᄂᆞᆫ ᄠᅳ디라

人人ᄋᆞᆫ 사ᄅᆞᆷ마대라

易ᄂᆞᆫ 쉬블씨라 <月釋1:釋序6ㄴ>

曉ᄂᆞᆫ 알씨라

歸ᄂᆞᆫ 나ᅀᅡ갈씨라

依ᄂᆞᆫ 브틀씨라

三寶ᄂᆞᆫ 佛와 法과 僧쾌라

焉은 입겨지라

— — —

庶幾(서기)는 '그러하고자 바라노라' 하는 뜻이다.

人人(인인)은 '사람마다'이다.

易(이)는 쉬운 것이다.

曉(효)는 아는 것이다.

歸(귀)는 나아가는 것이다.

依(의)는 붙는 것이다.

三寶(삼보)는 佛(불)과 法(법)과 僧(승)이다.

焉(언)은 입겿(조사)이다.

세상에 이렇게 자세하고 쉬운 조선국어사전을 본 적이 있는가. 이것이 바로 나라의 말씀을 백성들이 쉽게 익혀 날로 사용하기에 편안하게 하고자 할 따름이라는 세종의 훈민정음 창제 취지에 부합하는 실제 상황이요 증거인 것이다.

'정음(正音)으로 취가역해(就加譯解)'의 의미

특히 훈민정음의 **정음**이 '우리나라의 말을 바르고 옳게 쓰는 글'이라고 정의한 것이다. 일부 학자 중에는 정음(正音)의 '음(音)'에 집착해 글이 아니라 소리에 중점을 두어 중국 발음을 위한 창제라고 주장하는 이들이 있다. 「석보상절」 서문에는 '글'이라고 정확히 설명하고 있음을 모르고 하는 말이다. 무릇 언어라는 것은 소리와 문자를 모두 포괄하는 의미이다. 소리언어(spoken language)와 문자언어(written language)를 우리

석보상절,
훈민정음 조선 대장경의 길을 열다

는 정음이라고 불렀던 것이다. 이어지는 '就加譯解(취가역해)'의 '취(就)'에 대한 설명도 중국 한자로 글을 만들고 그것을 가지고 훈민정음으로 다시 만들었다고 소상히 밝히고 있다. 그러므로 여기서도 「증수석가보」라는 김수온의 한문 저본을 상정할 수 있는 것이다.

그렇다면 '就加譯解'의 '가(加)'는 무엇인가. 힘들여서 애써서 한다는 뜻이다. 더도 덜도 없이 한문으로 된 다른 나라 문장을 우리나라 글로 고쳐 쓰는 것이라고 다시 한 번 글을 강조하고 있다. 그렇게 풀이한 책이 훈민정음으로 쓴 「석보상절」인 것이다.

이제 조선의 백성들이여, 훈민정음을 가지고서 중국 글자가 아닌 우리 글자로 더 자세히 번역하고 주석을 달아 알기 쉽게 부처의 일대기에 대한 책을 만들었으니 배우고자 하는 사람마다 쉽게 이해하여 불법승 삼보에 귀의하기를 간곡히 바라 마지않는다.

훈민정음 서문의 마지막 **"사람마다 쉽게 익혀 날마다 사용함에 편안하게 하고자 할 따름"**이라던 세종의 문체 그대로이다. 그렇다면 이 서문은 세종의 문체인가, 수양대군의 문체인가……. 이 또한 두 왕을 비롯한 집단 지성의 힘이 느껴지는 대목이다.

「석보상절」의 역사적 기록, 1447년 음력 7월 25일

「석보상절」을 읽고 있는 우리는 반드시 1447년을 기억해야 한다. 이 해에 비로소 훈민정음이 물속의 고기처럼 자유자재해졌다는 역사적 기록이 완성된 것이다. 그동안 시험해 온 짧은 운문「용비어천가」(1445)에서 드디어 장편 스물네 권의 산문 책「석보상절」이 완성되었기 때문이다.

그러므로 어쩌면 음력 1446년 9월 상순을 양력으로 환산한 지금의 '한글날'만큼이나 훈민정음의 최종 완성을 기록한「석보상절」의 1447년 음력 7월 25일을 기념해야할지도 모른다. 반포일도 물론 중요하다. 하지만 그 반포한 글자로 길고 긴 석가모니의 일대기를 완성하고 나서 서문을 또 박또박 써 내려간 그날이야말로 훈민정음에 날개를 단 날이다. 그것이 정확한 기록으로 남아있다는 것이 중요하고 중요하다.

正統 十二年
七月 二十五日에 首陽君 諱 序ᄒ노라
정통 12년(1447년) 7월 25일에 수양군 유가 서문을 쓰노라.

마지막 문장 1447년 음력 7월 25일에 세종의 둘째 아들 왕자 수양군 유(瑈)가 서문을 쓴다. 그러나 그의 이름은 쓰지 않고 '諱(휘)'라고 기록한다. 왕이나 그에 준해 높여야 할 인물의 이름을 우리는 피휘(避諱)한다고 한다. 즉 직접 이름자를 쓰는 것을 불경스럽다고 생각했다. 그렇지만 왕자 자신이 자기 이름을 쓰면서 피휘를 하고 있다. 아이러니한 일이다. 그 시대의 관례였을지도 모르지만 여기서 실제「석보상절」의 저본으로 추정되는『증수석가보』를 지은 김수온을 떠올리게 되는 것이다.

이렇게「석보상절」짧은 서문 안에는 우리가 몰랐던 훈민정음과 불교에 대한 새로운 사실과 꼬리를 무는 궁금증 그리고 조선시대 불교 수용의

석보상절,
훈민정음 조선 대장경의 길을 열다

배경과 역사, 왕들의 개성과 성격 등 무수한 다빈치 코드들이 밤하늘의 별처럼 은하수를 이루고 있다. 이제 그 '석보상절 서문'의 유려한 문장을 수양대군의 목소리로 다시 음미해 보자. 잠시 수양대군이 되어 염송해도 좋겠다.

〈석보상절 서〉
부처께서 삼계의 높은 분이 되어 계셔서 중생을 널리 제도하시니
그지없어 못내 헤아릴 공과 덕은
사람들과 하늘들이 내내 (다) 기리지 못하는 바이시다.

세간의 부처 도리를 배우려고 하는 이가 (있어도)
부처 태어나 다니시며(활동) 가만히 계시던(임종)
처음부터 마지막까지 아는 이가 드무니
비록 알고자 하는 사람이라도
또 팔상도에 나오는 그림(이상)을 넘지 못하고 마느니라.

세종께서 나(수양대군)에게 말씀하시기를
"추천(追薦: 소헌왕후 극락왕생)이 경전을 옮겨 쓰는 것보다 좋은 것이 없으니 네가 석보를 만들어 번역하는 것이 마땅하겠다." 하였다.

근래에 (소헌왕후의) 명복을 빌기 위하여
이때까지 (나온) 여러 경전에서 가려내어

각별히 한 책을 만들어 이름 지어 가로되

석보상절(釋譜詳節)이라 하고

이미 차례를 헤아려 만든 바에 따라서

세존의 도리 이루신 모습(팔상도)을 그리고

또 훈민정음으로써 그에 따라 더 번역하여 새기니

사람마다 쉽게 알아 삼보에 나아가 의지(귀의)하기를 바라노라.

정통 12년(1447년) 7월 25일에 수양군이 서문을 쓰노라.

　'석보상절 서문'을 「월인석보」 1권에 전해지는 내용으로 읽어 보았다. 이제부터 본격적으로 진짜 「석보상절」을 읽어 나간다. 현재는 「석보상절」 3권부터 전해지고 있지만 조선 최초 훈민정음 불경을 함께 염송하는 공덕으로 1권과 2권이 꼭 출현하기를 발원한다. 그래도 큰 위안이 되는 것은 그 1권과 2권의 전모를 짐작할 수 있는 「월인석보」 권 1·2가 현전하는 것이다. 마침 그 1권과 2권이 나의 현대어 번역 작업으로 출간되었다.[4] 「석보상절」 3권은 싯달타 태자가 탄생하여 아버지 정반왕이 이름을 짓는 이야기부터 소설처럼 흥미진진하게 펼쳐진다.

---

4 「월인석보」 제1권은 '월인석보, 훈민정음에 날개를 달다(2019, 조계종출판사)', 제2권은 '월인석보, 그대 이름은 한글대장경(2021, 박이정)'으로 출간되었다.

석보상절,
훈민정음 조선 대장경의 길을 열다

○

「석보상절」 제3권, 싯달타 태자 탄생

●

전하지 않는 「석보상절」 제1권과 제2권의 내용

이제 드디어 본격적으로 「석보상절」 이야기를 시작한다. 앞에서는 「석보상절」 제1권이 전하지 않아 「월인석보」 제1권에 전해지는 「석보상절」의 서문을 읽어 보았다. 현재 「석보상절」 제1권과 제2권은 전하지 않는다. 다만 「월인석보」 제1권과 제2권이 전해져 그에 준해 「석보상절」의 스토리텔링을 짐작해 볼 뿐이다.

「월인석보」 제1권은 「월인천강지곡」 1장부터 11장까지를 싣고 있다. 제1권에 속한 「석보상절」 내용은 고타마 붓다의 전생이야기, 선혜와 구이가 석가모니와 야수다라의 전생 부부였다는 이야기, 불교의 세계관과 우주관, 시간관, 인류의 탄생과 모계 사회 출현, 삼세 부처님의 명호 이야기로 구성되어 있다.

「월인석보」 제2권은 「월인천강지곡」 12장부터 29장까지를 싣고 있다. 「석보상절」의 내용은 석가모니의 가계와 석가모니 임신 이야기, 마야부인의 출산과 탄생의 상서, 탄생 시기의 중국 이야기, 자동제군 교화와 도교의 불교 귀의 이야기 등이 담겨 있다. 곧 팔상도 중 첫 번째 그림 '도솔래의'와 두 번째 그림 '비람강생'의 스토리텔링으로 구성되어 있다.

「월인석보」가 「석보상절」과 「월인천강지곡」을 합편하여 수정 보완한 책이기 때문에 「석보상절」 제1권과 제2권이 발견되면 비슷한 내용이 들어 있을 것이라고 추정된다. 다만 수정 보완 합편하는 과정에서 얼마만큼 다르거나 중복되는지는 「석보상절」 원본이 발견되어야 정확히 알 수 있을 것이다.

「석보상절」 제3권의 시작, 정반왕이 관상가를 부르다

釋譜詳節第三

淨飯王이 相 봃 사름 五百을 大寶殿에 뫼호아 太子를 뵈더시니

모다 슬ᄫ오디 出家ᄒ시면 成佛ᄒ시고

成佛은 부텻 道理를 일우실 씨라

지븨 겨시면 輪王이 ᄃᆞ외시리로소이다

ᄯᅩ 슬ᄫ오디 香山ㅅ 阿私陁 仙人이 □□□이다

그 仙人이 즉자히 虛空애 ᄂᆞ라오나ᄂᆞᆯ

석보상절,
훈민정음 조선 대장경의 길을 열다

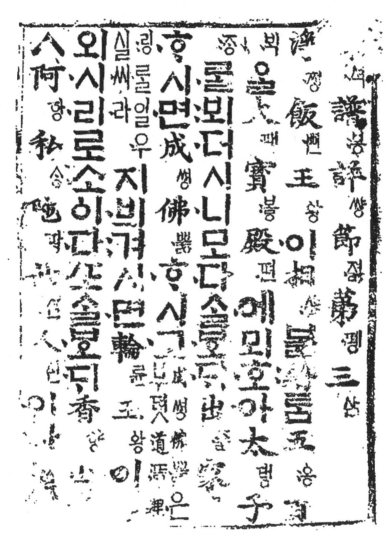

王이 太子 ᄃᆞ려 나샤 ᄭᅮᆯ이 ᅀᅳ보려 커시ᄂᆞᆯ

阿私陁ㅣ 두립사리 말이ᅀᆞᆸ고 ᄉᆞᆯ보ᄃᆡ 三界 中에 尊ᄒᆞ신 부니시니이다

ᄒᆞ고 合掌ᄒᆞ야 절ᄒᆞᆸ고 울어늘

王이 두리샤 엇뎨 우는다 ᄒᆞ신대

ᄉᆞᆯ보ᄃᆡ 太子ㅣ 三十二相<釋詳3:2ㄱ> 八十種好ㅣ ᄀᆞᄌᆞ시니 당다이

出家ᄒᆞ샤 부톄 ᄃᆞ외시리로소이다 나ᄂᆞᆫ 늘거 ᄒᆞ마 無想天으로 가리니

法化ᄅᆞᆯ 몯 미처 보ᅀᆞᄫᆞᆯ릴ᄊᆡ 우노이다

그저긔 阿私陁ㅣ 나히 一百 스믈히러니라

法化ᄂᆞᆫ 부톄 큰 法으로 衆生ᄋᆞᆯ 濟渡ᄒᆞ샤 사오나ᄫᆞᆫ 사ᄅᆞ미 어딜에 ᄃᆞ욀 씨라

— — —

정반왕이 태자의 상(相)을 볼 사람 오백 명을 대보전(大寶殿)에 모아 태자를 보이시니 모두 사뢰었다.

"출가하시면 성불하시고 집에 계시면 전륜왕이 되실 것입니다."

성불은 부처의 도리를 이루는 것이다.

또 사뢰었다.

"향산의 아사타 선인이 □□□입니다."

그 선인이 즉시 허공에서 날아오거늘 왕이 태자 데리고 나오셔서 무릎 꿇으려 하셨다.

아사타가 두렵사리 말리면서 사뢰었다.

"삼계 가운데 존귀하신 분이십니다."

하고 합장하여 절을 올리고 울거늘,

왕이 두려워하며 '어찌 우는가' 하시니 아사타 선인이 사뢰었다.

석보상절,
훈민정음 조선 대장경의 길을 열다

"태자께서 삼십이상 팔십종호를 갖추시니 마땅히 출가하셔서 부처
가 되실 것입니다. 나는 늙어 그때는 이미 무상천으로 가 있을 것이
니 법화를 미처 보지 못할 것이므로 우는 것입니다."

그때 아사타의 나이 백스물이었다. 법화(法化)는 부처께서 큰 법으로 중생
을 제도하시어 사나운 사람이 어질게 되는 것이다.

지금으로 치면 관상가 500명을 전국에서 불러 모아 갓 태어난 왕자의

관상을 보게 했다는 것이다. '아사타 선인이 □□□입니다'라는 부분이 훼손되었는데 『석가씨보』와 『과거현재인과경』의 같은 내용을 참조하면 '신통력이 있습니다. 그분이 궁금한 점을 풀어 줄 것입니다.' 정도의 한문 내용이 실려 있다.

좀 더 살펴보면 '향산의 아사타 선인이 다섯 가지 신통을 갖춘 훌륭한 분인데 관상을 보고 싶어하는 정반왕의 마음을 알고 허공에서 날아왔다는 것(香山大仙阿私陀者 具五神通能斷王疑 彼仙應念騰空到宮)'이다. 그러자 정반왕이 직접 태자를 데리고 나와 무릎을 꿇게 하려 하면서 예의를 갖춘다.

아사타 선인이 말리면서 태자가 삼십이상 팔십종호를 갖추어 부처가 되실 것을 예언한다. 그리고 그의 나이 이미 120살이라 그 모습을 살아서 뵙지 못할 것을 알고 눈물을 흘렸다는 것이다.

여기서 작은 글씨로 표시한 내용이 훈민정음 사전에 해당하는 '협주'이다.

출가하시면 성불한다고 하면서 성불의 뜻이 '부처의 도리를 이루는 것'이라는 쉬운 표현으로 정곡을 찌르고 있다. 왠지 우리는 '성불하십시오'를 언제부터인가 '안녕하세요' 인사 정도로 생각하고 있지는 않은가. 「석보상절」이 전하는 '부처의 도리를 이루십시오'라고, 정성을 다해 말해 보면 어떨까 하는 생각이 든다.

보통의 관상가는 태자의 관상을 부처와 전륜왕 두 가지로 예언을 하였으나 아사타 선인은 바로 부처가 되실 것을 알고 '법화'를 입지 못할 것을

석보상절,
훈민정음 조선 대장경의 길을 열다

슬퍼한다. '법화(法化)'는 훈민정음 사전인 협주에서 '부처께서 큰 법으로 중생을 제도하여 사나운 사람이 어질게 되는 것'이라 정의한다. 이것이 불교의 교화인 것이다. 사나운 사람이 어질게 되는 것. '어질다'는 요즘 잘 안 쓰는 표현이지만 '마음이 너그럽고 착하며 슬기롭고 덕이 높다'는 뜻이다. 이렇게 「석보상절」을 읽어 나가다 보면 우리가 미처 몰랐던 모국어의 깊이를 새롭게 음미하게 된다.

7일 후 마야부인 별세와 태자의 이름 살바실달

太子 나신 닐웨 짜히 四月ㅅ 보롬날 摩耶夫人이 업스샤 忉利天으로 가시니
五萬 梵天은 寶瓶 잡고
寶瓶은 보비옛 瓶이라
二萬 魔妻ᄂᆞᆫ 寶縷 자바 侍衛ᄒᆞᅀᆞᆸ니라 <釋詳3:2ㄴ>
魔妻ᄂᆞᆫ 귓거싀 가시오 寶縷는 보비옛 시리라

－－－

태자 태어나신 지 이레째인 사월 보름날 마야부인이 돌아가셔서 도리천으로 가시니 오만 범천(梵天)은 보병(寶瓶) 잡고 이만 마처(魔妻)는 보루(寶縷)를 잡아 호위하였다.

보병은 보배로 된 병이다. 마처는 귀신의 아내요 보루는 보배로 만든 실이다.

태자가 태어난 지 일주일만에 어머니 마야부인이 돌아가신다. 가는 곳이 도리천이다. 선덕여왕이 임종하며 도리천에 장사지내라고 한 의미와 일맥상통한다. 5만 명의 범천과 2만 명의 마처가 보배로운 병과 실을 들고 마야부인 가는 길을 호위한다. 마처를 귀신의 아내들이라 하였는데 현재 우리가 알고 있는 나쁜 의미가 아니라 호위 신장의 역할을 하는 것에 주목해야 할 것이다.

王이 婆羅門ᄋᆞᆯ 만히 請ᄒᆞ시고 太子 아나 나샤 일훔 지터시니
모다 ᄉᆞᆯᄫᅩ디
나싫 저긔 吉慶ᄃᆞ왼 祥瑞 하시란디 일후믈 薩婆悉達이라 ᄒᆞᅀᆞᆸ사이다
薩婆悉達ᄋᆞᆫ ᄀᆞ장 됴타 ᄒᆞ논 마리라
虛空애셔 天神이 붚 티고 香 퓌우며 곳 비코 닐오디
天神ᄋᆞᆫ 하ᄂᆞᆳ 神靈이라
됴ᄒᆞ시이다 ᄒᆞ더라

———

왕이 바라문을 많이 청하시고 태자를 안고 나가셔서 이름 짓게 하시니 모두 사뢰었다.
"태어나실 적에 길하고 경사스러운 상서가 많으시니 이름을 살바실달이라 하시지요."
살바실달은 가장 좋다 하는 말이다.
허공에서 천신이 북 치고 향 피우며 꽃을 뿌리고 말하였다.
천신은 하늘의 신령이다.

석보상절,
훈민정음 조선 대장경의 길을 열다

"좋으십니다."

그렇게 마야부인을 떠나보내고 아기 태자를 위한 후속 작업이 신속하게 이루어진다. 우선 정반왕은 아들의 이름부터 바라문을 청하여 짓는다. 길하고 상서로운 경사가 일어난 태자 탄생의 좋은 의미를 담는다. '살바실달(薩婆悉達)'은 'Sarva Siddhārta'를 음사한 것으로 모든 것이 이루어지는 길상의 의미(一切義成 一切事成)이다. 그러니 가장 좋다는 말이된다. 훈민정음 사전 풀이는 볼수록 무릎을 치게 되는 불교 초심자용 설명이다. 그 이름에 다시 천신들의 동의와 축하가 이어진다.

양어머니 대애도, 마하 파사파제

훈 臣下ㅣ 王끠 술보디 太子ㅣ 져머 겨시니 뉘 기르ᅀᆞᄫ려뇨 오직 大愛道ㅣ 싸 기르ᅀᆞᄫ리이다<釋詳3:3ㄴ>
大愛道ᄂᆞᆫ ᄀᆞ장 道理를 ᄉᆞ랑ᄒᆞᆯ 씨니 西天 마래 摩訶波闍波提니 難陁ㅅ 어마니미시니라
王이 大愛道이그에 가샤 졋 머겨 기르라 ᄒᆞ야시ᄂᆞᆯ
大愛道ㅣ 그리호리이다 ᄒᆞ시니라

— — —

한 신하가 왕께 사뢰었다.
"태자가 어리시니 누구에게 기르도록 하시겠습니까. 오직 대애도 부

인이어야 기를 수 있을 것입니다."

대애도는 가장 도리를 사랑한다는 뜻이니 서천(인도) 말로는 마하 파사파제이니 난타의 어머님이시다.

왕이 대애도에게 가서서 '젖먹여 기르라' 하시니
대애도가 '그렇게 하겠습니다' 하셨다.

그리고 가장 중요한 태자 살바실달의 양육을 마야부인의 언니 대애도에게 맡긴다. 대애도는 가장 도리를 사랑한다는 뜻 그대로 인도 말로 마하파사파제(mahāprajāpatī)이다. 어떤 기록에는 동생으로도 나오지만 「석보상절」 6권에서는 언니의 용모가 마야부인만 못해 둘째 부인이 되었다는 주석이 분명하게 나온다. 어떻게 생각하면 너무나 인간적인 이 설명에 웃음이 나온다. 대애도는 나중에 난타의 어머니가 되니 싯달타와 난타는 이복형제가 된다. 그렇게 이모이자 어머니가 된 대애도는 싯달타 태자를 양육하게 된다.

태자의 두 번째 이름 천중천

王이 大愛道ᄃ려 니르샤 太子 뫼셔 天神 祭ᄒᄂᆫ 디 절히ᅀᆞ보리라 ᄒ
야 가더시니
群臣과 媒女와 諸天괘<釋詳3:4ㄱ> 풍류ᄒ야 졷ᄌᄫᅡ 가니라
하ᄂᆞᆯ 祭ᄒᄂᆫ 디 가시니 밍ᄀᆞ론 像이 다 니러 太子ᄭᅴ 절ᄒ며 술ᄫᅮᄃᆡ

太子ᄂᆞᆫ 天人 中에 ᄆᆞᆺ 尊ᄒᆞ시니

天人 中ᄋᆞᆫ 하ᄂᆞᆯ 사ᄅᆞᆷ 中이라

엇뎨 우리그에 와 절ᄒᆞ려 커시뇨

王이 놀라샤 讚嘆ᄒᆞ야 니ᄅᆞ샤ᄃᆡ 내 아ᄃᆞ리 天神 中에 ᄆᆞᆺ 尊ᄒᆞ니 일후

믈 天中天이라 ᄒᆞ라

天中天ᄋᆞᆫ 하ᄂᆞᆯ햇 하ᄂᆞᆯ히니 부텻 둘찻 일후미시니라

하ᄂᆞᆯ 祭ᄒᆞᄂᆞᆫ ᄃᆡ 가싫 저기 부텻 나히 세히러시니 昭王ㄱ 스믈여듦찻 ᄒᆡ 丙辰

이라

— — —

왕이 대애도에게 말씀하셨다.

"태자 모시고 가서 천신제하는 데 절하게 하시오."

하고 가시는데 군신과 채녀, 제천이 풍악을 울리며 따라갔다.

하늘 제사하는 데 가시니 만들어진 상(像)들이 모두 일어나 태자에게

절하며 사뢰었다.

"태자는 천인 가운데 가장 존귀하시니 어찌 우리에게 와서 절하려

하십니까."

천인(天人) 중(中)은 하늘 사람 가운데라는 말이다.

왕이 놀라 찬탄하며 이르셨다.

"내 아들이 천신 가운데 가장 존귀하니 이름을 '천중천'이라 하여라."

천중천은 하늘의 하늘이니 부처의 둘째 이름이시다. 하늘제 하는 데 가실

때 부처의 나이 세 살이니 주나라 소(昭)왕 28년 병진(丙辰)이다.

정반왕은 태자를 천신제에 데려가게 하는 데 천신들이 태자에게 오히려 모두 절을 하는 상황이 벌어진다. 태자가 천인 가운데 가장 존귀한 분임을 증명하는 계기가 되어 태자는 '하늘 가운데 하늘'이라는 두 번째 이름을 가지게 된다. 이때가 중국의 달력으로 계산하면 주나라 소왕 28년인데 기원전 1024년이 된다.

　이 내용에 대한 게송이라 할 수 있는 「월인천강지곡」은 30장부터 32장에 해당한다. 그 「월인천강지곡」은 다음 이야기에서 친견할 수 있다. 이와 같이 「석보상절」은 「월인천강지곡」의 게송이 뒤따르는 불교경전 형식을 취하고 있다.

석보상절,
훈민정음 조선 대장경의 길을 열다

여섯 번째 이야기

○

「석보상절」 제3권과 「월인천강지곡」의 만남

●

「석보상절」, '싯달타 태자' 탄생, 「월인천강지곡」 제30장부터

이어지는 이야기는 아사타 선인의 말대로 태자가 출가하게 될까 걱정하는 정반왕의 노심초사가 그려진다. 인도의 계절에 맞춘 세 개의 궁궐을 짓고 풍류 잘하는 아름다운 처녀 500명으로 모시게 하는 눈물겨운 노력이 펼쳐지는 이야기를 기대하시라.

月印千江之曲 其三十

大寶殿에 뫼호샨 相師ㅣ 보ᅀᆞᆸ고 出家成佛을 아ᅀᆞᄫᅵ니

香山애 사ᄂᆞᆫ 阿私陁ㅣ 보ᅀᆞᆸ고 저의 늘구믈 우ᅀᆞᄫᅵ니

其三十一

어마님 短命ᄒ시나 열들이 ᄌ랄ᄊ 七月ㅅ 보롬애 天下애 ᄂ리시니

아들님 誕生ᄒ시고 닐웨 기틀ᄊ 四月ㅅ보롬애 天上애 오ᄅ시니<월인12ㄴ>

其三十二

婆羅門 술ᄫᆫ 말ᄋᆞᆯ 天神이 됴타ᄒᆞᆯᄊ 薩婆悉達이 일훔이시니

아바님 命엣 절을 天神이 말이ᅀᆞᄫᆞᆯᄊ 天中天이 일훔이시니

－－－

「월인천강지곡」 삼십장

대보전(大寶殿)에 모인 관상가[相師]가 보고 태자께서 출가(出家) 성
불(成佛)하실 것을 압니다.

향산(香山)에 사는 아사타(阿私陁) 선인이 태자를 보고 자신의 늙음
을 서러워하십니다.

삼십일장

어머님 단명(短命)하시나 (태자) 열 달 동안 자라셔서 칠월 보름에 천
하(天下)에 내려오셨습니다.

아드님 탄생하시고 (어머님) 이레를 계시다가 사월 보름에 천상(天
上)에 오르셨습니다.

삼십이장

바라문 사뢴 말씀을 천신(天神)이 좋다하므로 살바실달(薩婆悉達)이

석보상절,
훈민정음 조선 대장경의 길을 열다

이름이 되시니
아버님 명으로 태자가 하는 절을 천신이 말리시므로 천중천(天中天)
이 이름이 되시니

이것이「석보상절」제3권을 시작하는 내용의「월인천강지곡」30장부
터의 게송이다. 현전하는「월인천강지곡」상권에서 관련 부분을 찾아서
삽입한 것이다. 대부분의 독자들은 그동안「석보상절」이나「월인천강지
곡」을 이름으로만 들었을 것이다. 훈민정음을 창제한 후 본격적으로 지
어진 유려한 첫 번째 불경의 시 세계이다. 조선시대 최초 운문인 1445년
에 쓰여진「용비어천가」이후 두 번째 운문 책이지만 불교 게송으로는 첫
번째이다.「석보상절」제3권의 시작에 해당되는 싯달타 태자 탄생과 관
상가 예언, 마야부인의 세상 하직, 태자의 이름 살바실달과 천중천의 유
래를 요약해서 노래하고 있는 부분이「월인천강지곡」30장부터 32장까
지이다.「월인천강지곡」1장부터 29장은「월인석보」제1권과 2권에서
「석보상절」과 합편된 내용으로 자세하게 확인할 수 있다.
아들 수양대군과 아버지 세종의 훈민정음 산문과 운문으로 이루어진
협업이 1459년「월인석보」로 탄생하는 것이다. 여기서는「석보상절」중
심의 이야기라서 운문「월인천강지곡」을 게송 형식으로 뒤에 붙였다. 이
순서대로 하면 곧 본래 불교경전의 형식인 '석보월인'이 된다. 그동안 우
리는 순서를 운문부터 배열한「월인석보」를 공부하였던 것이다. 이 책은
「석보상절」제3권이 주인공이므로 순서를 앞세우고「월인천강지곡」을
나중에 번역하여 싣는다.

싯달타 태자의 출가 막기, 세 계절의 삼시전(三時殿)

王이 阿私陁仙人의 말 드르시고 太子ㅣ 出家ᄒᆞ싫가 저ᄒᆞ샤 五百 靑衣ᄅᆞᆯ ᄀᆞᆯᄒᆡ야 졋어미 조차 ᄃᆞᆫ니며 種種ᄋᆞ로 뫼ᅀᆞᄫᅡ 놀라 ᄒᆞ시고 ᄯᅩ 三時殿을 지ᅀᅥ 七寶로 <釋詳3:5ㄱ> 莊嚴ᄒᆞ고

三時殿은 세 時節에 사ᄅᆞ싫 지비니 봄 ᄀᆞᅀᆞᆯᄒᆡ 사ᄅᆞ싫 집과 녀르메 사ᄅᆞ싫 집과 겨ᅀᅳ레 사ᄅᆞ싫 지비라

풍류 잘 ᄒᆞᇙ 伎女 五百ᄋᆞᆯ ᄀᆞᆯᄒᆡ야 서르 ᄀᆞ라 뫼ᅀᆞᄫᆡ게 ᄒᆞ시니

伎ᄂᆞᆫ 잘ᄒᆞᆯ 씨니 伎女는 풍류며 여러가짓 ᄌᆡ조 잘ᄒᆞᄂᆞᆫ 겨지비라

고지며 모시며 各色 새ᄃᆞᆯ히 몯 니르 혜리러라

———

왕이 아사타 선인의 말을 듣고 태자가 출가할까 저어(염려)하여 오백 명의 청의(靑衣)를 가려내어(골라서) 유모를 따라다니며 여러 가지 방법으로 모시며 놀라고 하셨다.

또 삼시전(三時殿)을 지어 칠보로 꾸미고

삼시전은 세 계절에 사실 집이니 봄・가을에 사실 집과 여름에 사실 집과 겨울에 사실 집이다.

풍류 잘하는 기녀(伎女) 오백 명을 가려내어 서로 번갈아 모시게 하였는데

기(伎)는 잘한다는 뜻으로 기녀는 풍류 및 여러 가지 재주가 있는 여자이다.

꽃이며 연못이며 갖가지 색깔의 새들을 이루 헤아릴 수 없었다.

태어날 적에 관상가 500명을 전국에서 불러 왕자의 관상을 보게 하던 이야기를 기억할 것이다. 이번에는 시중드는 사람 500명, 다재다능 엔터테이너 기녀 500명을 태자 곁에 둔다. 500의 의미는 무엇일까. 주로 '오백 나한', 비구니의 '오백계', 부처 입멸 후 500년 단위로 다섯 시기를 나누는 '오오백년' 등으로 쓰이고 있는데 「석보상절」에서도 '오백 동남동녀', '오백 석가족', '오백 권의 책' 등의 예를 볼 수 있다. 우리의 '한 오백년'도 여기서 비롯된 것일까.

여기에서도 지금은 거의 사라진 우리말 대잔치가 벌어진다. '저어하다'는 '염려하거나 두려워하다'라는 의미인데 이 두 가지가 잘 버무려진 우리 어휘이다. 단지 염려나 두려움만으로는 성에 안 차는 두 어휘가 합쳐진 어감이 담뿍 담긴 되살려 쓰고 싶은 우리말이다.

'기녀(伎女)'도 우리가 흔히 쓰는 '기녀(妓女)'가 아님에 주목할 것. 훈민정음 사전이라 칭하는 협주에서 '伎(기)'는 '잘한다'는 뜻으로 풀이하고 있다. 지금으로 치면 만능 엔터테이너 걸그룹 정도가 될 것이다. 『불설태자서응본기경』에는 '너무 살찌거나 마르지도 않고 키가 크거나 작지도 않으며 너무 희거나 검지도 않고 재능이 출중하고 솜씨 있고 아름다운 사람'이라고 하였다.

'삼시전(三時殿)'은 인도의 '건기, 우기, 몬순' 또는 '여름, 겨울, 우기' 등으로 이루어진 세 계절에 맞춘 계절 궁전이라 할 수 있는데 우리 날씨 기준으로 봄·가을과 여름 별장, 겨울 별장으로 풀이하였다.

아버지 정반왕이 만에 하나 있을지 모를 왕자의 출가를 막기 위해 얼마나 철두철미하게 준비를 하고 실행에 옮겼는지를 볼 수 있는 동시에 아버지의 지극한 사랑을 느낄 수 있는 대목이다.

이에 대한 「월인천강지곡」 33장은 다음과 같다.

其三十三
相師도 술᠊ᄫᅡ며 仙人도 니ᄅᆞᆯ씨 밤나ᄌᆞᆯ 分別ᄒᆞ더시니<월인13ㄱ>
七寶殿 ᄭᅮ미며 五百女妓 ᄀᆞᆯᄒᆡ샤 밤나ᄌᆞᆯ 달애더시니

－－－

삼십삼장
태자의 출가를 관상가[相師]도 사뢰시며 선인(仙人)도 말씀하시니
정반왕이 밤낮으로 걱정[分別]하셨습니다.
칠보궁전 꾸미며 오백 기녀(女妓) 가려내어
밤낮으로 태자를 달래셨습니다.

「월인천강지곡」에서는 '기녀'가 아니라 '여기(女妓)'로 쓰고 있다. '기(妓)'의 한자도 「석보상절」과 다르다. 『석가씨보』에는 '채녀(婇女)'로 나와 있다. 텍스트 비교와 연구가 필요한 지점이다.

그ᄢᅵ 太子ㅅ 나히 漸漸 ᄌᆞ라거시ᄂᆞᆯ
王이 寶冠ᄋᆞᆯ 미ᄀᆞ라<釋詳3:5ㄴ> 받ᄌᆞᄫᆞ시며
冠ᄋᆞᆫ ᄡᅳᄂᆞᆫ 거시니 寶冠ᄋᆞᆫ 보비로 ᄭᅮ뮨 冠이라
瓔珞이며 노리갯 거슬 다 ᄀᆞ초 받ᄌᆞᄫᆞ시니 나라히 오ᅌᆞ로 便安코 즐거
ᄫᅮ미 몯내 니ᄅᆞ리러라

석보상절,
훈민정음 조선 대장경의 길을 열다

――― ―

그때 태자의 나이가 점점 들거늘 왕이 보관을 만들어 주셨는데
관(冠)은 쓰는 것으로 보관(寶冠)은 보배로 꾸민 관이다.
영락이며 노리개들을 다 갖추어 주시니 나라가 온전히 편안하고 즐
거움이 이루 말할 수 없었다.

왕자가 무럭무럭 자라 한 살이 되고 두 살이 된다. 아이를 낳고 길러 보
았거나 가까이에서 지켜보았다면 '불면 날아갈세라 쥐면 꺼질세라' 애지
중지하는 마음이 어떤 것인지 알 것이다. 이모 대애도가 엄마가 되어 잘
키우고 있다지만 친엄마 마야부인을 태어난 지 이레만에 잃은 아들을 둔
아버지 마음은 어떠했을까.

혹시라도 아들마저 잃지는 않을까. 세상에 둘도 없는 비범한 왕자인 것
이 한편 기쁘다가도 출가를 한다는 예언에 전전긍긍, 걱정근심 끊일 날
없는 아버지의 모습이 눈에 선하다. 그 아버지가 해줄 수 있는 모든 것,
우선 머리에 보배로 만든 보관을 씌워주고 영락과 갖은 장신구로 꾸며 이
쁜 궁녀들과 손발이 되어주는 시종들로 가득 채우는 것부터 시작하는 것
이 인지상정.

태자 7세 즉위식과 팔부신중, 전륜성왕의 칠보

王이 太子 셰요려 ᄒ샤 臣下 모도아 議論ᄒ샤 二月ㅅ 여ᄃ랫 나래 四

海 바룴믈 길유려 ᄒ거시ᄂᆞᆯ

四海ᄂᆞᆫ 四方앳 바ᄅᆞ리라

仙人ᄃᆞᆯ히 <釋詳3:6ㄱ> 이여다가 王ᄭᅴ 받ᄌᆞᄫᆞᆫ대

王이 太子ㅅ 머리예 브ᅀᆞ시고 보비옛 印 받ᄌᆞᄫᆞ시고 붚 텨 出令ᄒᆞ샤

悉達ᄋᆞᆯ 太子 셰ᄫᅡ라 ᄒᆞ시니

虛空애셔 八部ㅣ 모다 됴ᄒᆞ시이다 ᄒᆞ더라

그ᄢᅴ 七寶ㅣ 虛空ᄋᆞ로셔 다 오니

七寶ᄂᆞᆫ 金輪寶와 如意珠寶와 玉女寶와 主藏臣寶와 主兵臣寶와<釋詳3:6ㄴ>

馬寶와 象寶왜라

그 金輪寶ㅣ 네 天下애 ᄂᆞ라 가니 그 나라ᄃᆞᆯ히 다 降服ᄒᆞ야 오니라

그ᄢᅴ 王이 수羊 모도아 宮內예 두샤

宮內ᄂᆞᆫ 宮 안히라

太子ᄅᆞᆯ 즐기시게 ᄒᆞ더시니

太子ㅣ 羊 술위 ᄐᆞ시고 東山애도 가시며 아자바닚긔도 가샤 노니더시니

ㅡㅡㅡ

왕이 태자를 세우시려고 신하를 모아 의논하셔서 2월 여드렛 날 사해의 바닷물을 길려고 하시거늘,

사해(四海)는 사방의 바다이다.

신하들이 바닷물을 머리에 이어다가 왕께 바쳤다.

왕이 태자의 머리에 부으시고 보배로 된 도장을 주시고 북을 쳐서 명령하시기를 '싯달을 태자로 세우라' 하시니

허공에서 팔부가 모두 '좋습니다' 하였다.

석보상절,
훈민정음 조선 대장경의 길을 열다

그때 칠보가 허공에서 다 오니 그 중 금륜보가 사천하에 날아가 그 나라들이 다 항복하여 왔다.

칠보(七寶)는 금륜보와 여의주보, 옥녀보, 주장신보, 주병신보, 마보, 상보 이다.

한편 왕이 숫양을 모아 궁궐 안에 두시고 태자가 즐기게 하셨는데 태 자가 양수레를 타고 동산에도 가시고 삼촌께도 가서 노닐었다.

아버지 정반왕이 왕자가 일곱 살이 되자 태자로 책봉하는 의식을 치른 다. 2월 8일 동서남북 사해의 바닷물을 길어다가 관정의식을 행한다. 신 하들이 사방의 바다에서 바닷물을 길어 머리에 이고 와 왕에게 바친다. 왕은 싯달타 태자의 머리에 부으시고 보배로 된 도장을 주어 왕의 후계자 라는 증표를 준다.

북을 쳐서 만천하에 태자가 되었음을 고하니 허공의 팔부신중까지 모두 '좋습니다' 하고 찬탄하였다는 것이다. 팔부신중은 '천·용·야차·건달 바·아수라·가루라·긴나라·마후라가'를 말하는데 불교의 호법선신이 다. 이 내용의 한문은 『석가씨보』(T50, p.90b)에 자세히 실려 있다.

'칠보'도 전륜성왕(轉輪聖王)이 가지고 있는 일곱 가지의 보배, 금륜보 (金輪寶)·여의주보(如意珠寶)·옥녀보(玉女寶)·주병신보(主兵臣寶)· 주장신보(主藏臣寶)·상보(象寶)·마보(馬寶)를 말한다.

여기서 '금륜보'는 수레바퀴가 1천 살인데 보배로 꾸며 광명이 해와 달 보다 더하고 이 수레로 임금이 아무 곳이나 가고자 하면 저절로 굴러 잠깐 사이에 천하를 다 돌 수 있는데 이 수레를 본 나라는 항복한다고 한다.

여인을 보배로 치는 '옥녀보'도 눈에 띄는데 '옥과 같은 이상형의 여인으로 몸이 겨울에는 덥고 여름에는 차다. 입에서 청련화 향내가 나며 몸에서 전단 향내가 나고, 음식을 먹어도 자연히 스러져 용변 뒤보기를 하지 않고 여자의 생리 현상이 없다. 머리카락의 길이가 몸과 가지런하며 키가 작지도 크지도 않고 살이 찌지도 여위지도 않았다.'라고 설명하고 있다. 위에서 본 '기녀'와도 상통한다. 여성을 보배의 일종으로 다루는 것에 초점을 맞추기보다 인간이 생각하는 이상형의 여인상을 형상화한 고대인의 사고방식을 보아주시기 바란다.

한편 태자를 위한 꽃동산을 만들어 즐겁게 놀도록 하였는데 숫양이 끄는 수레를 타고 동산을 돌아다니거나 숙부네 집에도 가서 놀았다는 것이다. '아자바님'을 친숙(親叔)이라고 하는 것을 『불본행집경』에서 확인할 수 있는데 '숙부, 삼촌, 아저씨' 정도로 해석할 수 있다.

드디어 이렇게 「석보상절」과 「월인천강지곡」이 만났다. 「월인천강지곡」은 게송의 성격이 크지만 '오백 기녀'란 같은 단어 다른 한자에서 보듯이 여러 경전에서 가려 뽑아 작성하였다는 「석보상절」 중 '상절(詳節)'의 의미를 확인할 수 있다.

다음 이야기는 「월인천강지곡」 34장과 싯달타 태자와 스승이 펼치는 스승보다 뛰어난 태자의 기량이 재미있게 펼쳐진다.

○

「석보상절」 제3권, 싯달타의 태자 수업

●

아름다운 4월 도처의 울긋불긋 꽃대궐을 떠올리면 싯달타 출가를 막기
위한 '삼시궁'의 모습과 흡사할까. 이제 싯달타 아기 왕자는 일곱 살이
되어 태자로 책봉되고 본격적인 전륜성왕의 면모를 드러내기 시작한다.
하나를 가르치기 전에 이미 백 가지를 알아 오히려 스승을 가르치는 태
자의 이야기를 시작한다.

其三十四
四海ㅅ 믈이 여오나놀 마리예 븟습고 太子를 셰ᅀᆞᄫᆞ시니
金輪寶ㅣ ᄂᆞ라니거늘 天下ㅣ 아ᅀᆞᆸ고 나라히 다 오ᅀᆞᄫᆞ니

삼십사장
사해의 바닷물을 이고 오거늘 태자의 머리에 붓고 태자를 세우시니
금륜보가 날아가거늘 천하가 알고 나라들이 다 항복해 오시니

  태자를 위하여 신하들이 동서남북 사해의 바닷물을 길어오니 정반왕께서 아들 싯달타의 머리에 물을 붓는 관정의식을 하고 태자로 책봉하셨습니다.

  전륜성왕의 상징인 금륜보를 보는 나라들마다 항복하게 되니 천하의 나라들이 모두 조복하게 되었습니다.

  「월인천강지곡」은 제34장으로 「석보상절」 제3권의 태자 책봉의식을 노래로 요약하고 있다. 이제 본격적으로 태자 수업을 하기 위하여 스승을 구하고 공부하는 과정이 그려진다. 그야말로 「석보상절」 중 '자세히 할 상(詳)'으로 나열된다. 깨알같이 묘사된 내용은 잘 기억해 두었다가 변상도를 그려보고 싶을 만큼 눈에 선하다.

태자의 스승 비사바밀다라

  王이 百官 뫼호시고<釋詳3:7ㄱ>
  百官ᄋᆞᆫ 온 그위니 한 臣下를 니ᄅᆞ니라 이ᄢᅴ 부텻 나히 닐구비러시니 昭王ㄱ 셜

석보상절,
훈민정음 조선 대장경의 길을 열다

흔둘찻 히 庚申이라

니른샤딕 天下ㅅ 內예 뉘사 智慧 이시며 지죄 ᄀᆞ자 太子ㅅ 스스이 드

외려뇨

모다 숣오딕 毗奢波蜜多羅ㅣ사 뭇 어디니이다

王이 毗奢波蜜多羅를 블러 니른샤딕 尊者ㅣ 날 위ᄒᆞ야 太子ㅅ<釋詳

3:7ㄴ> 스스이 드외오라

尊者ᄂᆞᆫ 尊ᄒᆞ시니라 혼 마리니 어딘 사ᄅᆞᄆᆞᆯ 고마ᄒᆞ야 尊者ㅣ라 ᄒᆞᄂᆞ니라

蜜多羅ㅣ 숣오딕 그리 호리이다

－－－

왕이 백관을 모으시고 말씀하셨다.

"천하에 그 누구가 지혜 있고 재주를 갖추어 태자의 스승이 되겠는

가."

모두 사뢰었다.

"비사바밀다라(毗奢波蜜多羅)야말로 가장 현명합니다."

왕이 비사바밀다라를 불러 말씀하셨다.

"존자가 날 위하여 태자의 스승이 되어 주시오."

밀다라가 말씀드렸다.

"그렇게 하겠습니다."

'백관(百官)'은 백 군데의 관청이니 많은 신하를 이르는 것이다. 이때
부처의 나이 일곱이시니 주나라 소왕 32년(B.C.962년) 경신이다. '존자
(尊者)'는 존귀하신 분이라는 말이니 어진 사람을 공경하여 존자라고 하

는 것이다.

역시 「석보상절」 사전인 '협주'에서 '백관'과 '존자'의 정의를 친절하고 쉽게 풀이하고 있다. 싯달타 태자의 스승으로 추천된 비사바밀다라(Viśvāmitra)라는 이름은 '우주(Viśva)의 친구(mitra)'라는 의미이다. 크샤트리아 출신으로 극심한 고행 끝에 범선(梵仙)이 되었다고 한다. 베다의 권위자로 알려져 있다. 싯달타 태자가 크샤트리아(찰제리종)이고 출가하여 고행 끝에 붓다가 되는 과정과 비슷한 스승 밀다라의 행적도 눈여겨볼 만하다.

학업 시작과 신동 태자

太子ㅣ 童男 童女 ᄃ리시고
童男ᄋᆞᆫ 아히 남지니오 童女는 아히 겨지비라
五百 釋童이 앏 뒤헤 圍遶ᄒᆞᅀᄫᅡ
釋童ᄋᆞᆫ 釋姓엣 아히라
學堂애 오ᄅᆞ싈 저긔
學堂ᄋᆞᆫ 글 비호싫 지비라
蜜多羅ㅣ <釋詳3:8ㄱ> ᄇᆞ라ᅀᆞᆸ고 ᄀᆞ마니 몯 안자 ᄒᆞ가라 업시 니러나
太子ᄭᅴ 절ᄒᆞᅀᆸ고 두루 돌보며 붓그려 ᄒᆞ더라

ㅡ ㅡ ㅡ

석보상절,
훈민정음 조선 대장경의 길을 열다

태자가 동남동녀를 데리고 오백 석씨 아동들이 앞뒤로 둘러싸고 학당에 오르실 때 밀다라가 바라보고 가만히 앉아 있지 못하고 '자기도 모르게' 일어나 태자께 절하시고 두루 돌아보며 부끄러워하였다.

동남(童男)은 남자아이요 동녀는 여자아이다. 석동(釋童)은 석씨 성을 가진 아이들이다. 학당(學堂)은 글 배우는 집이다.

「석보상절」 협주의 설명이다. 학당은 '글 배우는 집'이라니 정겹고 다정한 풀이가 아닌가. 문득 치과를 '이 해박는 집'이라 썼던 간판이 생각난다. 「석보상절」을 공부할 때 이름을 이렇게 써 보면 어떨까 싶어진다. '석보상절 글 공부 하는 집'

이렇게 태자는 같은 또래 취학 연령의 석가씨 아이들 500명과 공부를 시작한다. 왕자니까 독선생을 모셔와 홈스쿨링 할 줄 알았더니 학교 교육인 것이 또한 흥미롭다.

한편 스승 밀다라는 태자를 보고 'ㅎ가라없이' 일어나 학생에게 절을 하고 부끄러워하는 장면을 연출한다. 'ㅎ가라없이'는 뜻을 잘 모르는 15세기 단어이지만 『불본행집경』(T3;703ㄴ)에는 '종좌홀기(從座忽起)'라고 나와 있어 '나도 모르게 홀연히' 정도의 뜻으로 유추할 수 있다. 혹시 지방 방언 같은 데서 아직도 쓰고 있을지 모를 이 용례를 알고 있는 독자가 있다면 꼭 연락주시기 바란다. 이렇게 아름다운 우리말이 되살아난다면 참 좋겠다.

어쨌든 스승은 가르쳐야 할 학동인 태자를 보고 그 위의에 저절로 일어나 절을 하고 자신이 스승이 되기에 부족하다고 생각해 부끄러워하였

다는 것이다. 아니나 다를까. 다음 첫 문답 장면에서 스승은 완전 K.O.패
를 당한다.

밀다라 스승을 가르치는 태자

太子ㅣ 글 비호기 始作ᄒ샤 明珠書案애 牛頭栴檀香 七寶書板 노ᄒ
시고

明珠는 ᄆᆞᆯᄀ 구스리니 明珠書案ᄋᆞᆫ 明珠로 ᄭᅮ뮨 書案이라 書板ᄋᆞᆫ 글 쓰시ᄂᆞᆫ 너
리니 七寶書板ᄋᆞᆫ 香書板애 七寶로 ᄭᅮ밀 씨라<釋詳3:8ㄴ>

金 붇 자ᄇᆞ샤 글 쓰시며 무르샤ᄃᆡ 므슴 그를 ᄀᆞᄅᆞ쵸려 ᄒ시ᄂᆞᆫ고

蜜多羅ㅣ 對答ᄒᅀᆞᆸ보ᄃᆡ

梵書 佉留書로 ᄀᆞᄅᆞ치ᅀᆞᆸ리이다

太子ㅣ ᄒ샤ᄃᆡ 그리 여ᅀᅵᆫ 네 가지니

여ᅀᅵᆫ 네 가짓 그른 梵書와 佉留書와 佛迦羅書와 安佉書와 曼佉書와 安求書와
大秦書와 護衆書와 取書와 半書와 久與書와 疾堅書와 陁比羅書와<釋詳3:9
ㄱ> 夷狄塞書와 陁與書와 康居書와 最上書와 陁羅書와 佉沙書와 秦書와 匈
奴書와 中間字書와 維耆多書와 富沙富書와 天書와 龍書 鬼書와 健沓和書와
眞陁羅書와 摩休勒書와 阿須倫書와 迦留羅書와 鹿輪書와 言善書와 天腹書
와 風書와 降伏書와 北方 天下書와 狗那尼 天下書와 東方 天下書와 擧書와
下書와 要書와 堅固書와<釋詳3:9ㄴ> 陁阿書와 得書書와 厭擧書와 無與書와
轉數書와 轉眼書와 閉句書와 上書와 次近書와 乃至書와 度親書와 中御書와
悉滅音書와 電世界書와 馳又書와 善寂地書와 觀空書와 一切 藥書와 善受書

석보상절,
훈민정음 조선 대장경의 길을 열다

와 攝取書와 背響書왜라

엇뎌 다믄 두 가지오 ᄒ시고 다 혜여 니ᄅ신대

蜜多羅ㅣ 降服ᄒᅀᄫᅡ 偈 지서 讚嘆ᄒᅌᅥᆸ고<釋詳3:10ㄱ>

———

태자가 글 배우기 시작하여 명주(明珠) 서안(書案)에 우두전단향 칠
보 서판을 놓으시고 금붓을 잡으시고 글을 쓰며 물으셨다.

"무슨 글을 가르치려 하십니까."

밀다라가 대답하였다.

"범서와 거류서로 가르치려 합니다."

태자가 말씀하셨다.

"글이 예순 네 가지가 있으니 어찌 다만 두 가지입니까." 하시고 다
헤아려 이르셨다.

스승 밀다라가 항복하고 게송을 지어 찬탄하였다.

　명주는 맑은 구슬이니 명주 서안은 명주로 꾸민 서안이다. 서판(書板)
은 글 쓰시는 널판이니 칠보 서판은 우두전단향나무로 만든 서판에 칠보
로 꾸민 것이다.

　예순네 가지 글은 범서, 거류서, 불가라서, 안거서, 만거서, 호중서, 취
서, 반서, 구여서, 질견서, 타비라서, 이적색서, 타여서, 강거서, 최상서,
진서, 흥노서, 중간자서, 유기다서, 부사부서, 천서, 용서, 귀서, 건답화
서, 진다라서, 마휴륵서, 아수륜서, 가루라서, 녹륜서, 언선서, 천복서, 풍
서, 항복서, 북방천하서, 구나니천하서, 동방천하서, 거서, 하서, 요서, 건

고서, 타아서, 득주서, 염거서, 무여서, 전수서, 전안서, 폐구서, 상서, 차근서, 내지서, 도친서, 중어서, 실멸서, 음서, 전세서, 치우서, 선적지서, 관공서, 일체약서, 선수서, 섭취서, 배향서이다.

이상은 협주의 내용이다. 『불설보요경(佛說普曜經)』 제7권에서는 오히려 스승이 책의 종류를 묻고 태자가 답하는 형식으로 64종의 책을 열거하고 있다. 이 책들을 『불설태자서응본기경』에서는 스승이 말한 500권의 책 다음에 범서(梵書)를 태자가 소개하며, 범왕이 전륜왕이 될 줄 알고 자신에게 전한 책이라고 설명하고 있다. 이름이 전해지는 것만으로도 압도되는 이 64종의 책을 모두 연구한다면 당시 학문의 세계가 도도하게 펼쳐질 것이다.

王끠 솔오디 太子ᄂᆞᆫ 하ᄂᆞᆳ 스스이어시니 내 어드리 ᄀᆞᄅ치ᅀᆞᄫᅵ리잇고
太子ㅣ 아ᄒᆡ돌 더브러 겨샤 글왎 根源을 子細히 니ᄅᆞ시고 無上正眞道理를 勸ᄒᆞ시더라
上ᄋᆞᆫ 우히니 無上正眞道理ᄂᆞᆫ 우 업슨 正ᄒᆞᆫ 진딧 道理라
그ᄢᅴ 冊앳 두 字ㅣ ᄒᆞ야디여 아모도 모ᄅᆞ더니 蜜多羅도 <釋詳3:10ㄴ>
모ᄅᆞ거늘 太子ㅣ ᅀᅡ ᄀᆞᄅ치시더라

– – –

정반왕께 스승 밀다라가 사뢰었다.
태자는 하늘의 스승이시니 제가 어찌 가르치겠습니까.
태자가 아이들과 더불어 계시면서 문장의 근원을 자세히 이르시고

석보상절,
훈민정음 조선 대장경의 길을 열다

무상정진도리(無上正眞道理)를 권하셨다.

상(上)은 위라는 뜻이니 무상정진도리(無上正眞道理)는 위없는 바른 참 도리이다.

그때 책이 헤져서 두 글자를 아무도 몰랐는데 스승 밀다라도 몰랐다. 태자만이 그것을 가르치셨다.

스승은 바로 두 손 들고 태자가 신동을 넘어 '하늘의 스승인데 어찌 가르치리오'라고 하며 그를 기리는 찬탄의 시를 읊는다. 『불설보요경』(한글대장경 76쪽)에 다음과 같이 그 찬시가 전해지고 있다.

미치기 어렵도다, 참되고 깨끗하며 높으신 이여
세상에 계시면서 가엾이 여김 일으키어
온갖 법전을 모두 배우셨으면서
현재 서당 안에 드셨나이다.

모든 글의 이름을 다 말씀하셨지만
저는 근본과 끝도 모르옵니다.
이 뭇 글을 모두 통달했으면서도
일부러 또 배움에 들어옴을 보이셨소.

감히 그 정수리를 살펴보지 못하고
사람만을 살피면서 예배할 뿐이오며

어떻게 크신 성인께
모든 글과 산수를 말씀하게 되오리까.

하늘 중의 하늘이라 하늘보다 뛰어나서
여러 하늘 가운데서 가장 으뜸이며
지극히 높아서 짝할 이 없고
세상에서도 비유할 수 없나이다.

이러한 위신(威神)으로써
엄숙하고 깨끗하게 좋은 방편 쓰시옵는데
누가 능히 맑고 밝음을 미치오리까.
모든 세간들을 다 제도하오리다.

이 내용을 「월인천강지곡」에서는 다음과 같이 35장에 담았다.

其三十五
蜜多羅ᄂᆞᆫ 두 글을 비화ᅀᅡ 알ᄊᆡ 太子ᄉ긔 말ᄋᆞᆯ 몯ᄉᆞᆯᄫᆞ니
太子ᄂᆞᆫ 여쉰 네 글을 아니 비화 아ᄅᆞ실ᄊᆡ 蜜多羅ᄅᆞᆯ ᄯᅩ ᄀᆞᄅᆞ치시니
－－－
삼십오장
밀다라는 두 책을 배워서 알기 때문에 태자께 가르치지를 못합니다.
태자는 예순 네 책을 배우지 않아도 아시므로 밀다라를 또 가르치십니다.

석보상절,
훈민정음 조선 대장경의 길을 열다

이렇게 스승과 제자의 역할이 뒤바뀌는 싯달타 태자의 학교 수업 이야기는 비범한 왕자로 탄생할 때부터 예견된 바이지만 그래도 여전히 흥미롭다. 일곱 살 어린 왕자 앞에서 쩔쩔매는 훈장님은 마치 김홍도의 서당 풍경을 비틀어 반전의 그림을 보는 것 같다. 훈장님 자리에 태자가 앉고 훈장님이 그 앞에서 글 못 외워 야단맞는 학동처럼 쩔쩔매는 장면을 상상해 보시라. 또한「월인천강지곡」의 내용은 논어에서 '배워서 아는 이(學而知之)' 밀다라와 '태어나면서 아는 이(生而知之)' 태자의 경우로 명쾌하게 정리하고 있다. '애써서 배우는 이(困而學之)'들인 우리 범부들이 보기에는 까마득한 경지이지만 그래도 이러한 천재와 성인들이 있어 세상은 날마다 새로워지는 것이 아닌가.

다음에 이어지는 태자의 배우자를 얻는 과정 또한 우리 상식의 허를 찌르는 이야기로 예사롭지 않게 전개된다.

○

「석보상절」 제3권, 싯달타 태자의 이상형 찾기

●

태자의 배우자 구하기

싯달타 태자가 배우자가 될 이상형을 찾는다. 처음에야 아버지 정반왕과 대신들의 뜻에 따라 시작되었으나 배필을 구하는 실제 작업에 들어가자 자기의 이상형을 구체적으로 만들고 이러이러한 사람이어야 한다고 적극적으로 어필한다. 당시의 이상형은 '옥녀(玉女)'의 모습으로 대표되었던 것 같다. 지난 이야기에서도 '옥녀'가 칠보 안에 들어 있어 살펴본 바 있지만 배우자로서의 이상형은 어떠할지 당시 사람들의 미인관에 주목해 보자. 「석보상절」 제3권의 내용을 중심으로 「월인천강지곡」과 한역 경전들을 참조하여 다양한 프리즘으로 채색되는 씨실과 날실의 직조를 감상해 보기로 한다.

석보상절,
훈민정음 조선 대장경의 길을 열다

力士둘콰 釋種長者둘히 王의 솔ᄫ오디

釋種長者ᄂᆞᆫ 釋氏ㅅ 얼우니라

太子ㅣ 부톄 ᄃᆞ외시면 聖王ㄱ 子孫이 그츠시리이다

王이 니ᄅᆞ샤디 엇더늬 ᄯᆞ리ᅀᅡ 太子ㅅ 妃子ㅣ ᄃᆞ외려뇨

— — —

역사(力士)들과 석종 장자들이 왕께 사뢰었다.

"태자께서 부처가 되시면 전륜성왕(聖王)의 자손이 그칠 것입니다."

정반왕이 이르셨다.

"어떤 이의 딸이어야 태자의 배필[妃子]이 될 수 있으려뇨."

석종 장자(釋種長者)는 석가씨족의 어른이다. 이렇게 태자가 가르치는 스승보다 뛰어나고 매사에 비범할수록 정반왕과 신하들은 그가 출가할까 노심초사하며 혼처를 구하게 된다. 그 내용을 담은 「월인천강지곡」도 거의 같은 내용이다.

其三十六

釋種이 솔ᄫ오디 太子ㅣ 出家ᄒᆞ시면 子孫이 그츠리이다<월인14ㄱ>

아바님 니ᄅᆞ샤디 뉘 ᄯᆞᆯ을 굴히야ᅀᅡ 며ᄂᆞᆯ이 ᄃᆞ외야오리야

— — —

삼십육장

석종(釋種)이 말씀드리기를, 태자가 출가하시면 자손이 끊어질 것입니다.

아버님 정반왕이 이르시기를, "누구의 딸을 골라서 며느리 되게 하리오."

태자의 이상형

太子ㅣ 金으로 겨지븨 양ᄌᆞᄅᆞᆯ 밍ᄀᆞᄅᆞ시고 겨지븨 德을 쓰샤 이 ᄀᆞᆮᄒ야ᅀᅡ 妃子ᄅᆞᆯ 사모리라 ᄒᆞ시니 <釋詳3:11ㄴ>

석보상절,
훈민정음 조선 대장경의 길을 열다

王이 左右梵志를 브리샤 두루 가 어드라 ᄒ시니

左右梵志는 두 녀긔 좇ᄌᄫᅡ ᄒ니는 梵志라

－－－

태자가 금으로 여자의 모습을 만드시고 여자의 덕을 써서 이와 같아야 부인을 삼으리라 하시니, 왕이 좌우에 있는 범지(梵志)를 시켜 두루 다니며 얻으라 하셨다.

좌우 범지는 왕의 양쪽에서 왕을 따라 움직이며 보필하는 사람이다. 부처의 협시보살 같은 역할을 한다고 할 수 있다. 범지(梵志)는 바라문(brāhmaṇa)의 한역으로 범사(梵士)라고도 한다.

무엇보다 태자의 이상형이 궁금하지 않은가. 『불설보요경』 권3과 권9에는 태자의 이상형과 구체적인 모습이 서술되고 있다. 그 내용을 종합하면 외모는 자마금(紫磨金)같이 빛나고 마음이 깨끗하여 허공과 같고 조용하되 꼭 알맞은 말만 하며 인자하고 남편을 공경하고 술이나 맛을 탐하지 않아야 한다. 한마디로 탐진치(貪瞋痴)를 벗어나고 신구의(身口意) 삼업이 어긋나지 않는 품성을 갖추고 생김새는 옥녀(玉女) 형이 이상형이라고 할 수 있다.

ᄒᆫ 玉女 ᄀ트시니를 보ᅀᆞᆸ고 와 술ᄫᅩ디 執杖釋의 ᄯᆞ니미 겨시더이다

王이 ᄒ샤디 ᄒ다가 제 ᄠᅳ데 몯 마자도 저를 골히에 호리라 <釋詳3:11ㄴ>

ᄒ시고 나랏 고ᄫᆞᆫ 겨지블 다 太子ㅅ 講堂애 모도시니

講은 글 닐거 ᄠᅳᆮ 추줄 씨니 講堂은 글 講ᄒ시는 지비라

— — —

범지가 한 옥녀(玉女)와 같은 이를 만나고 돌아와 사뢰었다.

"집장석의 따님이 계시더이다."

왕이 말씀하셨다.

"만일 태자의 뜻에 맞지 않더라도 그 딸을 고르게 하리라."

하시고 나라의 고운 여자를 모두 태자의 강당에 모이게 하셨다.

그 이상형인 옥녀(玉女)와 같은 사람을 찾았는데 집장석의 딸이 그러하다는 것이다. 집장석(執杖釋)은 팔리어로는 Dandapani Sakka로 의역하면 석가족 사람으로 이름이 집장자(執杖者)이다. 지팡이(Danda)를 짚고 다녀서 붙은 이름이다. 『불본행집경』 권13에는 큰 부자로 돈과 비단이 풍족하고 모든 것을 구비하였다고 한다. 딸이 하나 있는데 이름은 '구다미(瞿多彌)'라고 하였는데 「석보상절」 제3권에서는 '구이(俱夷)'로 나온다.

아버지 정반왕은 아들 싯달타의 의견보다 범지가 찾은 배필감을 중시하는 것을 볼 수 있다. 범지의 의견은 곧 정반왕의 의중에 맞았을 터이고 가문과 왕위를 계승할 자손이 중요하였음을 알 수 있는 대목이다. 왕실로서는 태자의 아내이기에 앞서 왕실의 며느리를 구하는 일이 중요했음을 「월인천강지곡」의 내용에서도 확인할 수 있다.

강(講)은 글 읽어 뜻을 찾는 것이니 강당(講堂)은 '글을 강하시는 집'이다. 협주의 풀이다. 학당(學堂)이 글 배우는 집이고 강당은 글을 읽고 뜻을 찾는 공부를 하는 집인 것이다.

석보상절,
훈민정음 조선 대장경의 길을 열다

태자, 이상형 구이를 만나다

그저긔 그 딸 俱夷도 講堂애 오샤 太子를 뚫아 보ᄉᆞᆸ거시ᄂᆞᆯ
太子ㅣ 우ᄉᆞ시고 보ᄇᆡ옛 水精을 아ᅀᅡ 주신대
俱夷 ᄉᆞᆯᄫᅩ샤ᄃᆡ 나ᄂᆞᆫ 보ᄇᆡᄅᆞᆯ 아니 과ᄒᆞ야 功德으로 莊嚴ᄒᆞ노이다

— — —

그때 집장석의 딸 구이도 강당에 와서 태자를 뚫어지게 보거늘 태자
가 웃으시고 보배 수정을 건네주셨다.
구이가 사뢰었다.
"나는 보배를 아끼지 아니하고 공덕으로 장엄합니다."

Gopikā를 음역한 '구이(俱夷, 裘夷)'는 구비가(瞿比迦)·교비(嶠比)·
구파(瞿波, 瞿婆) 등으로 기록된다. 번역하여 수호지(守護地)·부장(覆
障)·명녀(明女)라고 한다. 일설에는 야수다라의 별명이라고 하는 데「석
보상절」제6권에서는 '야수다라'로 등장한다.

여기서 주목할 것은 구이가 태자를 바라보는 태도이다. 서로 첫눈에 반
해 배필이 되는 드라마틱한 장면인데 구이의 거칠 것 없는 당당한 태도며
태자에게 대하는 첫마디로 단박에 태자를 매료시킨다. 21세기에서도 흔
치 않은 그 멋짐이 폭발하는 인간형이다.

일단 싯달타가 태자라고 해서 눈을 피하지 않는다. 원문에는 '뚫아 보
다'인데 주목(注目)한다는 뜻이다. 『석가보』에는 싯달타 보살을 자세히
보시며 눈조차 깜빡이지 않았다(諦視菩薩目未曾眴)고 쓰여 있다. 서로

빨려들 듯이 바라보는 모습이 그려지는 장면이다.

그러자 태자도 마음에 들어 웃으며 자신의 보배인 수정을 꺼내 주며 호감을 표시했다(執持寶英以遺俱夷). 여러 경전에는 정반왕이 미리 준비한 많은 보배를 거기에 모인 처녀들에게 나눠주었다고 되어 있다. 여기서 수정 보배는 그중에서도 특별함을 나타내는 것으로 보인다.

그런데 구이는 수정 따위는 아랑곳하지 않고 이렇게 말한다. '나는 보배를 소중히 여기거나 아끼지 않고 그보다는 공덕으로 장엄을 합니다(吾不貪寶).'[5] 눈에 보이는 물질적인 사치품으로 나를 꾸미기보다 나의 인품과 행동거지에서 우러나오는 공과 덕으로 나의 가치를 드러낸다는 표현이다. '아끼지 않는다'는 『석가보』에서 '탐(貪)하지 않는다'로 쓰고 있다. 현재에도 자신을 과시하기 위하여 명품을 사려고 밤새 줄서는 기사가 나오는 세태가 만연한데 그러한 우리에게 한 방 멋지게 날리는 말이 아닌가. 이러한 멋짐과 당당함에 매료되지 않을 사람이 있을까. 태자는 구이야말로 자신의 배필임을 믿어 의심치 않고 구이에게 장가들기 위한 한판 겨루기에 돌입한다. 이상의 내용을 「월인천강지곡」은 이렇게 노래하고 있다.

其三十七

太子ㅣ 妃子ㅅ 金像ᄋᆞᆯ 밍ᄀᆞᄅᆞ샤 婦德을 쓰시니이다

執杖釋의 ᄯᅡᆯ이 金像이 굳ᄒᆞ샤 水精을 바ᄃᆞ시니이다<월인14ㄴ>

－ － －

---

5 『석가보』 1권(ABC, K1047 v30, p.697a21).

석보상절,
훈민정음 조선 대장경의 길을 열다

삼십칠장

태자가 배필[妃子]의 모습을 금으로 된 상(金像)으로 만들어 부덕(婦德)을 쓰십니다.

집장석의 딸이 금상의 모습과 같으셔서 수정을 받으십니다.

구이를 아내로 맞기 위한 겨루기 대회

王이 梵志를 이 각싯 지븨 브리신대

執杖釋이 닐오디 우리 家門앤 지조 골히야사 사회 맛느니이다

王이 太子씌 묻즈방샤디 지조를 어루 홇다

對答하샤디 어루 호리이다

王이 봅 텨 지조 겻귫 사르물 다 모두라 하시고 出令하샤디 지조 이긔니사 執杖釋의 사회 두외리라<釋詳3:12ㄴ>

— — —

왕이 범지를 이 각시 집에 보내셨다.

집장석이 말하였다.

"우리 가문에서는 재주를 겨루고 나서야 사위를 맞습니다."

왕이 태자에게 물으셨다.

"재주를 겨루겠느냐."

태자가 대답하였다.

"겨루겠습니다."

왕이 북을 쳐서 재주 겨룰 사람을 다 모으라고 하시고 명령하셨다.
"재주 겨루기에서 이긴 사람이라야 집장석의 사위가 될 것이다."

이야기가 갈수록 흥미진진해진다. 싯달타 태자는 구이와 결혼하기 위하여 기꺼이 한판 승부를 겨루겠다고 한다. 출가하여 붓다가 될 것을 걱정한 아버지 정반왕과 좌우 신하들은 쾌재를 불렀을 것이다.

집장석 가문도 예사롭지 않다. 상대가 그 나라의 왕이고 왕자인데도 아랑곳하지 않고 훌륭한 사위 선발대회 통과의례를 거쳐야 한다고 통보한다. 왕과 태자가 거기에 호응하여 전국의 쟁쟁한 청년들과 기량을 겨루는 것이다. 스토리텔링의 묘미를 아는 전개이다. 전국의 어여쁜 아가씨들이 커다란 강당에 모여 아름다움을 뽐내고 전국의 늠름한 청년들이 기량을 겨루는 장면을 떠올려 보시라. 스펙타클한 영화의 한 장면이다.

당시 정말 이렇게 왕이나 태자도 정정당당하게 겨루기를 통해 결혼을 하였을까. 태자의 승리가 예견되는 이야기지만 그 누구나 그리는 공명정대한 이야기 전개에 빠져들게 된다. 태자가 이미 전륜성왕의 재목이요 그 누구와 겨루어도 상대가 되지 않을 것이라 생각하는 독자들이 많을 것이다. 그러나 『불본행집경』권12에는 태자가 놀이에만 빠져 학문과 기예가 없어 집장석이 내 딸을 시집보낼 수 있을까 의심했다는 상반된 내용도 나온다.

아무튼 이토록 어여쁜 선남선녀의 만남도 유쾌하고 혼사의 과정도 축제처럼 펼쳐지는 이 내용을 「월인천강지곡」은 이렇게 노래하고 있다.

석보상절,
훈민정음 조선 대장경의 길을 열다

其三十八
사회를 골히야 지조를 몯 미다 님금 말을 거스ᅀᄫᅵ니
아바님이 疑心ᄒᆞ샤 지조를 무르샤 나랏 사름을 다 뫼호시니
— — —
삼십팔장
집장석이 사위를 고르는데 태자의 재주를 못 믿어 임금의 말을 거스
르니
아버님이 태자를 의심하시어 겨루기 여부를 묻고 나라의 사람들을
다 모으시니

다음 이야기는 스케일도 장대한 코끼리 던지기 대회부터, 씨름, 활쏘기 명사수 대회가 이어진다. 우리 모두 타임머신을 타고 카필라국으로 떠나고 싶어질 것이다.

아홉 번째 이야기

○

싯달타 태자,
신의 경지 기량을 펼치다

●

「석보상절」에서 재미있는 부분을 꼽으라면 눈앞에서 펼쳐지는 듯 묘사
되는 겨루기 시합을 하는 대결 구도이다. 제6권에서 '사리불'과 외도 '노
도차'를 불교로 귀의시키는 대결이 그렇고 지금 제3권의 석가씨 왕족과
귀족들의 대결이 그렇다. 그것도 꽃다운 청춘남녀의 평생의 배우자 구하
기라는 어찌 보면 인생 일기일회를 맞이하는 순간이다. 빼어난 석가 종족
청년들이 최고의 기량을 펼치는 모습들을 그 시대 그들의 이상형 '구이'
의 관점에서 관전해 보자.

108   석보상절,
        훈민정음 조선 대장경의 길을 열다

코끼리 던지기 시합과 씨름

調達이 닐오디 太子ㅣ 聰明ᄒᆞ야 그른 잘ᄒᆞ거니와 히미ᅀᅡ 어듸썬 우
리를 이긔료 ᄒᆞ고 象이 門이 솃거늘 그 象이 머리를 자바 짜해 그우리
왇고

難陁ᄂᆞᆫ 象ᄋᆞᆯ 긼 ᄀᆞᅀᅢ 티차놀

太子ᄂᆞᆫ 象ᄋᆞᆯ 드러 城 나ᄆᆞ티시고 미처 ᄂᆞ라가 바다 알피 아니 디게 ᄒᆞ
시니라<釋詳3:13ㄱ>

調達이와 難陁왜 서르 실흠ᄒᆞ니 둘희 히미 ᄀᆞᆮ거늘

太子ㅣ 둘흘 자바 ᄒᆞᆫᄢᅴ 그우리와ᄃᆞ시며

— — —

조달이 말하였다.

"태자가 총명하여 글은 잘 하거니와 힘이야 어찌 우리를 이기리오."
하고 코끼리가 문에 서 있거늘 조달은 그 코끼리의 머리를 잡아 땅
에 굴려 던지고, 난타는 코끼리를 길가에 올려 찼다. 태자는 코끼리
를 들어 성 너머로 내던지고 따라 날아가서 받아 아프지 않게 내려
놓으셨다.

조달이와 난타가 서로 씨름하니 둘의 힘이 같거늘 태자가 둘을 잡아
함께 굴려 넘어뜨렸다.

이 내용은 한문본 저본의 도움이 필요하다. 『석가씨보』에는 한 코끼리
가 문에 있자 조달은 머리를 잡아 땅에 내치고 난타는 발로 차서 길 곁에

다 밀어뜨려 놓았는데, 태자는 손으로 성 밖으로 던졌다가 다시 잡아 땅에 내려놓아 고통이 없게 하였다(有象當門調達搏頭躄地 難陁足挑路側 太子手擲城外還接著地 不令苦痛)고 한다.

한편『석가보』는 조금 다른데 조달이 코끼리를 던져 죽였는데 난타가 길 옆으로 옮겼고 태자는 썩는 냄새가 나서 성 밖으로 던져 놓았다(調達 右手牽象左手撲殺 難陁出城門即牽移路側 菩薩出城日是象身大臭熏城內 即右掌接摘置城外)고 하였다. 「석보상절」은 두 저본을 취합해 이와 같은 본문으로 재창작한 것이다.

여기서 조달은 제바달다라고 하는 데 devadatta의 음사이다. 정반왕의 동생 곡반왕의 아들로 붓다의 사촌 동생이다. 출가하여 그의 제자가 되었으나 붓다에게 승단을 물려줄 것을 청하여 거절당하자 500여 명의 비구를 규합하여 승단을 이탈한다. 여러 번 붓다를 살해하려다 실패하는 캐릭터이다.

그만큼 조달은 한편으로 싯달타와 자웅을 겨루는 꽤 능력 있는 청년이었던 것 같다. 당시의 코끼리라고 해서 작지는 않았을 텐데 조달은 코끼리를 거의 강아지 다루듯이 땅에 메친다.

또 다른 경쟁자 난타는 누구인가. 정반왕과 이모 대애도(마하파사파제) 사이에서 낳은 이복동생이다. nanda의 음사이고 환희(歡喜), 가락(嘉樂)이라 의역한다. 붓다가 깨달음을 성취한 후 고향에 왔을 때 출가한다. 청년 시절의 그는 조달과 막상막하의 실력으로 땅에 내친 코끼리를 공처럼 올려친다.

석보상절,
훈민정음 조선 대장경의 길을 열다

이미 태자 싯달타의 학문 실력은 64종의 책을 섭렵하여 고작 두 권을 가르치려던 스승 밀다라를 난처하게 만든 전력으로 세상이 다 알게 되었다. 하지만 그의 무예 실력은 여기서 비로소 검증된다. 태자는 코끼리로 그야말로 홈런을 친다. 그리고 성 밖으로 달려가 떨어질 코끼리를 안전하게 받아 고통스럽지 않게 하였다는 것이다. 그의 자비심까지 한 방에 보여준다. 게임 오버.

그리고 다음 차례인 힘을 겨루는 개인 상대의 씨름은 이미 코끼리 시합에서 결판난 것이다. 두 사람의 힘을 합해도 태자에게는 어림없음을 확인하는 절차에 불과하다. 이 내용을 「월인천강지곡」은 다음과 같이 노래하였다.

其三十九
難陁調達은 象을 티추며 그우리 혀고 둘희 힘이 달오미 업더니
太子는 호오샤 象을 나모 티며 바드시고 둘희 힘을 흔쁴 이기시니<월인15ㄱ>

― ― ―

삼십구장
난타와 조달은 코끼리를 올려 차며 굴려 당겨 두 사람의 힘이 다름이 없더니
태자는 혼자 코끼리를 성 너머 쳐서 받으시고 두 사람의 힘을 함께 이기시니

지식 대결

大臣炎光이라 호리 八萬 가짓 지조 호디
大臣은 큰 臣下ㅣ라
太子색 계우슨ᄫ니라

＿＿＿

대신 염광이라 하는 사람이 있어 팔만 가지 재주를 부리는데 태자에게는 이기지 못하였다.

그렇다면 이제 큰 신하라고 풀이한 대신 염광과는 어떤 내용으로 팔만 가지 재주 대결을 한 것인가.

『석가보』에 '염광'이 나온다. '대신 염광(炎光)이 산술(算術)에 제일이어서 산술을 말해 보았으나 그 역시 태자에게 미칠 수 없었다. 수목과 약초며 많은 물의 물방울 수효까지도 낱낱이 알고 있었고, 저포(樗蒲)·육박(六博)·천문·지리며 8만의 기이한 기술까지 모두 외어 알았지만 보살에게는 미치지 못하였다(大臣炎光 算術第一 言談算術 亦不能及樹木藥草衆水滴數一一可知 樗蒱六博天文地理八萬異術一切諳會不及菩薩).'고 한다.

『석가보』에서는 싯달타 태자를 '보살'로 지칭하고 있다. 여기서 수목과 약초, 천문, 지리 등 우주 만물에 대한 열거에서 당시의 지식 세계를 가늠해 볼 수 있다. 뿐만 아니라 '저포'는 일종의 윷이나 주사위 놀이와 비슷하고 '육박'은 바둑과 비슷하다고 전한다. 오래 된 게임의 역사도 엿볼 수 있다. 「석보상절」이라는 책은 당시의 백과전서 학파와 같은 팔만 가지 학

석보상절,
훈민정음 조선 대장경의 길을 열다

문분야까지 중중무진하게 지식의 인드라망을 펼쳐 나간다.

활쏘기 시합

王이 釋種 ᄃ리시고 쏘 활 쏘기를 받더시니

그 東山애 金붑 銀붑 돌붑 쇠부피 各各 <釋詳3:13ㄴ> 닐굽곰 잇거늘

調達이와 難陁왜 몬져 쏘니 各各 세콤 ᄢ여디거늘

太子ㅣ 화ᄅᆞᆯ ᄩᅥ시니 화리 것거디거늘

무르샤ᄃᆡ 내그에 마존 화리 잇ᄂᆞ니여

王이 니ᄅᆞ샤ᄃᆡ 우리 祖上애셔 쏘더신 화리 ᄀᆞ초아 이쇼ᄃᆡ

祖ᄂᆞᆫ 한아비니 祖上ᄋᆞᆫ 한아비롯 우흘 無數히 티닐온 마리라

이긔여 쏘리 업스니 가져오라 ᄒᆞ야시ᄂᆞᆯ <釋詳3:14ㄱ>

釋種ᄃᆞᆯ히 이긔여 지ᄒᆞ리 업더니

太子ㅣ 소ᄂᆞ로 눌러 지ᄒᆞ샤 시울 ᄩᅨᇙ 소리 잣 안히 다 들이더라 살 머겨 쏘시니 그 사리 스믈 여듧 부플 다 ᄢᅦ여 ᄯᅡ해 ᄉᆞᄆᆞ차 가아 鐵圍 山애 바ᄀᆞ니 三千世界 드러치니라

— — —

왕이 석가씨 종족을 데리고 또 활쏘기를 시험하셨다.

그 동산에 금북, 은북, 돌북, 쇠북이 각각 일곱 개씩 있었는데 조달이와 난타가 먼저 쏘니 각각 세 개씩 꿰뚫었다. 태자가 활을 당기시니 활이 꺾어지거늘 태자가 물으셨다.

"나에게 맞는 활이 있습니까."

왕이 이르셨다.

"우리 조상께서 쏘시던 활이 갖추 있되 그 활을 이겨 쏠 사람이 없으니 가져 오라."

석가씨 종족들이 그 활을 이겨 당길 사람이 없었는데 태자가 손으로 눌러 당기니 활시위를 타는 소리가 성 안에 다 들렸다.

태자가 화살을 활시위에 메겨 쏘시니 그 화살이 스물여덟 북을 다 꿰어 땅을 꿰뚫고 가서 철위산에 박히니 삼천세계가 진동하였다.

세 번째는 활쏘기 시합으로 겨루도록 하였다. 「석보상절」에서는 '활쏘기를 받더시니'로 되어 있는데 『석가보』에서는 '다시 활쏘기를 시험하고자 하였다(王及釋種 更欲試射)'로 쓰여 있다.

불교 전통강원에서 쓰이는 '강을 바치다'라는 말이 있다. '배운 글을 스승이나 시관 또는 웃어른 앞에서 외어 올리다.'라는 뜻이다. '강을 받다'는 '선생이 자기가 듣는 앞에서 글을 외어 바치게 하다.'라는 의미이다. '활쏘기를 받다'라는 말도 이와 같은 연장선상에 있는 말로 보인다. 이렇게 지금은 잘 쓰이지 않는 600년 전에 쓰던 말을 하나하나 음미하고 되새겨보는 작업이 「석보상절」을 읽는 또 하나의 묘미이다.

'조상(祖上)'의 풀이도 '조(祖)는 할아버지니 조상은 할아버지를 비롯한 윗분들을 무수히 거슬러 올라가는 것을 이른 말'이라고 정의한다. 15세기의 주석이 새삼 신선하게 다가온다. 우리는 그 무수한 할아버지들의 자손이었던 것이다.

석보상절,
훈민정음 조선 대장경의 길을 열다

조달과 난타의 실력도 보통 사람으로선 감히 엄두를 낼 수 없는 경지이다. 그러나 태자는 신의 경지이므로 애초에 그 누구도 상대가 될 수 없다는 것을 소상히 밝히고 있다. 28개의 북을 꿰뚫고 땅을 뚫고 철위산을 관통해 삼천대천세계가 진동해야 진정한 승자인 것을.

불교의 세계관에서 '철위산'은 수미산이 중심인 세상에서 그 주위를 둘러싼 9산8해 가운데 맨 바깥쪽에 있는 아홉 번째 산이다.

其四十

제 간올 뎌리 모롫씨 둘희 쏜 살이 세 낱 붏쏜 뼤여디니

神力이 이리 세실씨 흔 번 쏘신 살이 네 닐굽 부피 뼤여디니

ㅡㅡㅡ

사십장

조달과 난타는 제 분수를 저리 모르므로 둘이 쏜 화살이 북 세 개만 꿰뚫으니

태자 신력이 이리 세시므로 한 번 쏘신 화살이 네 일곱(28) 북을 꿰뚫으니

'간'은 분수로 풀었지만 현대 국어에서는 '깐'으로 된소리화 되어 '제 깐에는 잘한다고 한 것이다' 등으로 '가늠'의 의미에 가깝다. 가늠은 '목표나 기준을 헤아려 보는 것'이다. 모두 현재 잘 안 쓰는 표현이지만 멋진 우리말이다. 스물여덟을 「월인천강지곡」에서는 운문의 맛을 살려 '네 개의 일곱'이라는 '네 일곱'이란 표현을 썼다. 마치 '이팔청춘' 하면 열여섯

을 의미하듯이 말이다.

天帝釋이 그 사룰 쌔혀 忉利天에 가아 塔 일어 供養ㅎ숩더라<釋詳 3:14ㄴ>

이 塔온 天上 네 塔앳 ㅎ나히라

살 든 굼긔셔 시미 나아 우므리 두외니 마시 둔수을 곧더니 머그면 病이 다 됴터라

— — —

천제석이 그 화살을 빼어 도리천에 가서 탑을 세우고 공양하였다. 화살이 들어 있던 구멍에서 샘물이 나와 우물이 되니 맛이 단술과 같았는데 먹으면 병이 다 좋아졌다.

천제석은 제석천이다. 석제환인다라(釋提桓因陀羅), 석가제바인다라(釋迦提婆因陀羅)라고 쓰던 것을 줄여 제석천이라 하였다. 제석천은 수미산(須彌山) 정상에 있는 서른세 번째 하늘인 도리천(忉利天)에 주석하는 데 사천왕(四天王)과 주위의 32천왕(天王)을 통솔한다.

그 제석천이 주석하는 도리천에 가서 화살을 모셔다가 탑을 만들었는데 이 탑은 천상의 네 탑 가운데 하나이다. 찾아보니 『경률이상』 권6에 도리천 동서남북에 붓다의 머리카락, 발우, 손발톱, 어금니를 모신 탑이 있다고 하는 데 화살은 어디에 두었을까. 『대당서역기』 권6에는 화살샘(箭泉)이 성문 남쪽에 탑과 샘이 있다고 하였다. 화살을 뺀 곳에서는 만병통치의 샘물이 나왔다니 싯달타 태자의 기량은 모름지기 중생구제를 위

한 하해와 같은 자비로 귀결된다.

其四十一
싸해 살이 뻬여늘 醴泉이 소사나아 衆生을 救ᄒ더시니
뫼해 살이 박거늘 天上塔애 ᄀ초아 永世를 流傳ᄒᅀᄫ니<월인15ㄱ>
－ － －

사십일장
땅에 화살이 꿰뚫거늘 단술샘[醴泉]이 솟아나와 중생을 구제하시
더니
철위산에 화살이 박히거늘 제석천이 하늘탑[天上塔]에 간직해 길이
세상에 전해지니

이렇게 만천하에 태자의 신력을 보이고 드디어 다음 이야기에서 태자
는 구이와 결혼을 하게 된다. 신혼도 잠시, 그 유명한 '생로병사'의 사문
유관이 시작된다.

○

싯달타 태자의 결혼과 사문유관

●

　「석보상절」 제3권의 백미라고 말할 수 있는 '사문유관(四門遊觀)'을 읽어 보는 시간이다. 지금까지 「석보상절」이 그다지 마음에 와닿지 않던 독자라 할지라도 이 글을 읽게 되면 좋아하지 않고는 못 배길 것이다. 오랫동안 내 마음의 경구로 삼았던 '생로병사'의 정의 중 '늙음'에 대한 번뜩이는 사유가 멋지다. 먼저 사문유관의 성찰이 깊어지게 된 인생의 첫 경험, 싯달타 태자와 구이의 신혼 시절을 들여다보자.

싯달타 태자 구이와 결혼하다

그제사 執杖釋의 ᄯᆞ리 太子ㅅ 妃子ㅣ 드외시니라

지조 겻구싫 제 부텻 나히 열히러시니 昭王ㄱ 셜흔다ᄉᆞ찻 ᄒᆡ 癸亥오

妃子 드리샤ᄆᆞᆫ 부텻 나히 열닐구비러시니 昭王 마ᅀᆞᆫ둘찻 ᄒᆡ 庚午ㅣ라

太子ㅣ 妃子를 드리샤도 <釋詳3:15ㄱ> 주올아비 아니ᄒᆞ더시니

俱夷 ᄠᅳ덴 갓가비 갚고져 ᄒᆞᆯ씨

太子ㅣ ᄒᆞ샤ᄃᆡ 됴ᄒᆞᆫ 고즐 우리 ᄉᆞᅀᅵ예 노코 보디 아니 됴ᄒᆞ니여

俱夷 고즐 가져다가 노코 ᄯᅩ 나ᅀᅡ오려 커시ᄂᆞᆯ

太子ㅣ ᄒᆞ샤ᄃᆡ 고짓 이스리 저즈리라

後에 ᄯᅩ 白氎을 ᄉᆞᅀᅵ예 노하 두고 보더시니

白氎은 흰 木綿이니 西天 마래 <釋詳3:15ㄴ> 迦波羅ㅣ라

俱夷 ᄯᅩ 갓가비 오려커시ᄂᆞᆯ

太子ㅣ ᄒᆞ샤ᄃᆡ 白氎이 ᄢᅵ 무드리라 ᄒᆞᆯ씨 갓가비 몯 오더시다

― ― ―

그제서야 집장석의 딸이 태자의 부인이 되었다.

재주 겨룰 때 부처의 나이 열 살이시니 주나라 소왕 35년 기해(B.C. 960년)요, 부인을 맞이한 것은 태자 나이 열일곱이시니 주나라 소왕 42년 경오(B.C. 953년)이다.

태자가 부인을 들이시고도 친근하게 하지 않으시니 구이의 마음은 가까이 가고자 하므로 태자가 말씀하셨다.

"아름다운 꽃을 우리 사이에 놓고 보면 아름답지 않겠습니까."

구이가 꽃을 가져다가 놓고 또 태자 곁으로 나아가려 하거늘 태자가 말씀하셨다.

"꽃의 이슬에 그대가 젖으리라."

후에 또 백첩을 둘 사이에 놓아 두고 보셨다.

백첩(白氎)은 흰 목면이니 서천 말에 가바라(迦波羅)이다.

구이가 또 가까이 오려 하시거늘 태자께서 말씀하셨다.

"백첩에 때가 묻으리라."

하시므로 구이가 가까이 오지 못하였다.

아니 도대체 구이에게 장가들기 위하여 어떻게 한 결혼이란 말인가. 코끼리를 내던지고 팔만 가지의 지식을 겨루고 스물여덟 개의 북을 화살로 쏘아 맞추고도 모자라 철위산을 뚫고 하늘과 땅이 진동하고서야 성사된 결혼이 아니었던가. 경쟁자 조달과 난타, 염광을 이기고서 맞이한 신부 구이와의 결혼 생활은 반전의 연속이다.

신혼의 단꿈을 예상했을 구이의 허니문은 온데간데없고 어떻게 해서든지 구이와 가까이하기를 기피하고 있는 새신랑 왕자님이라니……. 구이의 입장에서라면 완벽한 사기 결혼이다.

우리는 물론 태자가 세속에 뜻이 없고 출가하게 될까 노심초사하는 아버지 정반왕의 염려를 익히 보아 왔다. 그러던 그가 집장석의 따님 구이에게만은 첫눈에 반하여 그 어려운 대결을 기꺼이 수락하고 천신만고의 기량을 펼쳤던 것이 아닌가.

석보상절.
훈민정음 조선 대장경의 길을 열다

그나마 구이를 다가오지 못하도록 꽃병을 놓게 하거나 꽃이슬로 구이가 젖을까 걱정하는 척하는 것은 귀엽게 봐줄 만하다. 하지만 귀한 흰 천 백첩을 사이에 놓고 흰 천이 때 탈까 가까이하지 않았다는 것은 치사하다 못해 졸렬하다.

이것이야 말로 시쳇말로 결혼 전에는 별도 달도 따줄 것처럼 굴던 흑기사가 결혼하고 난 뒤에 태도가 돌변한 경우가 아닌가.

『석가보』 1권 『서응본기(瑞應本紀)』에서는 이렇게 말하고 있다.

"태자의 나이 17세가 되자 정반왕은 태자비를 맞아들이기 위하여 수천 명 가운데 고르다가 최후에 한 여인이 있었으니 이름이 구이였다. 그는 단정하기가 제일이었고 예의를 모두 갖추었으니 바로 전생에 꽃을 판 여인이었다(瑞應本起云 太子年十七 王爲納妃 簡選數千最後一女 名日裴夷 端正第一 禮義備擧 是則宿命 賣花女也).

그렇다. 「월인석보」 제1권에서는 과거 전생에 연등불께 꽃 공양을 하려는 싯달타의 전생 선혜보살의 이야기가 전한다. 일곱 송이 꽃을 가지고 있던 구이가 선혜에게 꽃을 주고 세세생생 부부의 연을 맺게 되는 전생담이다. 그때에도 '단정 제일'의 구이는 적극적이고 선혜는 수행자로서 살겠다고 처음에 거절한 전력이 있고 그 모든 것을 감내하겠다는 구이의 서원으로 세세생생 부부가 되었다는 스토리텔링이다.

「석보상절」 제3권은 초간본을 복각한 중간본이라 현대 출판 과정으로 말하면 오자와 탈자가 종종 보인다. 그것을 발견해 낼 때의 기쁨도 쏠쏠하다. 이 문장에서도 그러한 '옥의 티'를 찾을 수 있었으니 '갓가비 오러 커시눌'의 '러'가 그것이다. '오려고'의 '려'로 바로잡는다. 「월인천강지곡」의 게송은 다음과 같다.

其四十二

고ᄌᆞᆯ 노ᄒᆞ시며 白氎을 노ᄒᆞ샤 兩分이 ᄒᆞᆫᄃᆡ 안ᄌᆞ시니

곶 이슬 저즈리라 白氎 ᄣᅵ 무드리라<월인16ㄱ> 兩分이 갈아 안ᄌᆞ시니

———

사십이장

꽃을 놓으시며 백첩을 놓고 두 분이 한곳에 앉으시니

꽃 이슬에 젖으리라 백첩에 때 묻으리라 두 분이 갈라 앉으시니

'백첩(白氎)'은 또한 부부 사이를 갈라놓는 중요한 매개물로 등장하는데 고대에 제작되었던 귀한 직물로 튀르키예어의 면직물을 의미하는 'Pakhta'의 한자어 음역으로 보고 있다. 『삼국사기』에도 신라에서 경문왕 때에 40승백첩포(四十升白氎布)를 당나라에 보냈다는 기록이 있다.

사문유관

그렇다면 태자의 관심은 어디에 쏠렸을까. 나이도 경전에 따라 분분하지만 「석보상절」에서 말하는 이팔청춘의 나이라면 당연히 궁궐 밖 세상일이 궁금했을 것이다. 사대문 성문 밖에서 벌어지는 '생로병사' 이야기는 지금의 우리에게 자못 의미심장하다.

차마 못하는 마음, 자비심

太子ㅣ 나아 노니샤 閻浮樹 아래 가샤 받 갏 사룹 보더시니 나못가지
구버 와 힛 光올 フ리더라

淨居天 澡缾이 주근 벌에 드외야 디옛거늘

淨은 조홀 씨오 居는 살 씨니 貪欲올 <釋詳3:16ㄱ> 여희여 조훈 몸 사는 하놀
히니 無煩天과 無熱天과 善見天과 善現天과 色究竟天이라 澡缾은 일후미라

가마괴 와 딕먹더니

太子ㅣ 보시고 慈悲心올 내야시놀

王이 미조차 가샤 달애야 뫼셔 오샤 出家ᄒ실가 저흐샤 풍류ᄫᆞ 겨집
더ᄒ야 ᄆᆞᅀᆞ몰 자치시긔 ᄒ시더라

———

태자가 나가 노닐면서 염부수 아래 가서서 밭 가는 사람을 보고 계시
니 나뭇가지가 굽어져 햇빛을 가렸다. 정거천(淨居天) 조병(澡缾)이
죽은 벌레로 변해 떨어져 있었다.

정(淨)은 깨끗하다는 것이요 거(居)는 산다는 것이니 탐욕을 여의고 깨끗
한 몸이 사는 하늘이니 무번천, 무열천, 선견천, 선현천, 색구경천이다. 조
병은 이름이다.

까마귀가 와서 그 벌레를 찍어 먹는 것을 태자가 보시고 자비심을 내
시거늘 정반왕이 뒤따라가셔서 달래어 모셔 왔다.

왕은 태자가 출가할까 걱정하여 풍류하는 여인들을 더하여 마음을
잦아들게 하셨다.

마치 처용이 서라벌 달 밝은 밤에 밤들이 노니는 광경이 연상되지 않는 가. 밤이 아니라 낮인 것만 다를 뿐이다. 나뭇가지가 저절로 굽어 햇볕을 가려주는 태자에게 정거천은 기다렸다는 듯이 죽은 벌레로 변해 까마귀 의 먹이가 된다. 약육강식의 세계를 본 태자는 차마 못하는 마음, 자비심 을 일깨운다.

출가를 할까, 태자의 일거수일투족이 걱정인 아버지 정반왕은 그런 그 의 모습을 보고 쫓아가 데려오고 노래와 춤, 음악에 능한 더 많은 엔터테 이너 여인들을 태자 곁에 두어 그런 마음을 눅이고 있는 것이다.

정거천(淨居天)은 색계의 네 번째에 있는 다섯 하늘을 통틀어 일컫는 다. 산스크리트 Śuddhâvāsa-deva의 의역이다. 정거(淨居)는 정(淨, śuddha: 청정)과 거(居, vāsa: 거주처, 처소)가 합쳐진 낱말로, '청정한 거처(pure abode)'이며 청정한 업(淨業)을 이룬 성인이 태어나 거주하 는 처소를 말한다. 불환천(不還天)이라고도 하는 데 윤회를 벗어나 다시 는 사바세계에 태어나지 않기 때문에 태자의 출가 안내자 역할을 맡게 된 것으로 보인다. 「월인천강지곡」은 이 모든 일이 전지적 관점에서 이루어 지고 있다고 갈파하고 있다.

其四十三
無量劫 부톄시니 주거 가논 거싀 일울 몯 보신돌 매 모르시리
淨居天 澡鉼이 주근 벌에 드외야눌 보시고사 안디시 ᄒᆞ시니

＿＿＿

사십삼장

태자는 무량겁부터 부처이시니 죽어가는 것의 일을 본 적 없어도 어
찌 모르시리

정거천 조병이 죽은 벌레 되거늘 태자가 보시고서야 아는 것처럼 하
시니

이제 정거천과 합작으로 짐짓 세상의 살아있는 존재들에게 자비심을
장착한 태자의 눈에 인간의 노병사(老病死)가 어떻게 받아들여질까. 만
고의 명문장들을 만나보기로 하자.

목숨은 흐르는 물, 머물지 못해 늙을 노(老)

太子ㅣ 門 밧글 보아지라 ᄒᆞ야시ᄂᆞᆯ

王이<釋詳3:16ㄴ> 臣下ᄃᆞᆯ흘 긔걸ᄒᆞ샤 ᄆᆞᇗ 고리며 東山이며 조히 쑤
며 더러븐 거슬 뵈디 말라 ᄒᆞ시니라

太子ㅣ 東門 밧긔 나가시니

淨居天이 늘근 사ᄅᆞ미 ᄃᆞ외야 막다히 딥고 가거늘

太子ㅣ 보시고 무르신대

뫼ᅀᆞᄫᆞᆫ 臣下ㅣ 對答ᄒᆞᅀᆞᄫᆞᆯ디 늘근 사ᄅᆞ미니이다

太子ㅣ 무르샤ᄃᆡ<釋詳3:17ㄱ> 엇뎨 늙다 ᄒᆞᄂᆞ뇨

對答ᄒᆞᅀᆞᄫᆞᆯ디 녜 졈던 사ᄅᆞᆷ도 오라면 늙ᄂᆞ니 人生애 免ᄒᆞ리 업스니이다

免은 버슬 씨라

太子ㅣ 니른샤디 사른미 목수미 흐를 믈 곧호야 머므디 몯호놋다 호
시고 도라 드르샤 世間 슬흔 무슨미 디트시니라

———

태자가 성문 밖을 보고 싶다 하시거늘 왕께서 신하들에게 명령하여
마을 길목(所經道路, 지나는 길목)이며 동산을 깨끗이 꾸며 더러운
것을 보이지 말라고 하셨다.
태자가 동문 밖에 나가시니 정거천이 늙은 사람이 되어 막대기 짚고
가거늘 태자가 보시고 물으셨다. 모시던 신하가 대답하였다.
"늙은 사람입니다."
태자가 물으셨다.
"어찌 늙다고 하느냐."
대답하되
"예전에 젊던 사람도 오래 되면 늙나니 인생에 늙음을 면할 사람은
없습니다."
면(免)은 벗어나는 것이다.
태자께서 이르셨다.
"사람의 목숨이 흐르는 물 같아서 머물지 못하나 보다."
하시고 돌아와 들어오셔서 세간의 슬픈 마음이 깊어지셨다.

  그렇다. 이 세상에서 늙음에서 벗어날 사람은 없는 것이다. 신하의 설
명에 태자의 사유가 기가 막히다. 사람의 목숨을 흐르는 물에 비유하다
니. 한 번도 내 목숨을 흐르는 물로 생각해 다급해 해 본 적이 없었다. 진

석보상절,
훈민정음 조선 대장경의 길을 열다

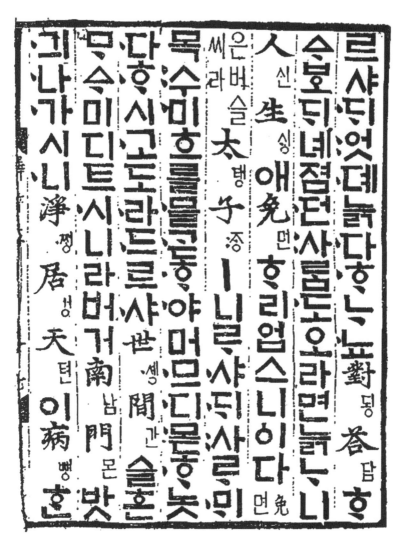

| 늙음에 대하여 |

작 이런 사유를 알았다면, 인생 흐름이 속절없음을 알았다면 젊음이 사라질 것을 재빨리 간파하고 좀 더 현재에 집중했을까. 젊을 때 미래의 막막함과 불안함에 오래 뒤채며 아름다운 청춘인 줄도 모르고 흘려보내는 우를 범하는 것만은 막았을까.

『석가보』 1권의 『대선권경』과 비교하면 「석보상절」이 더욱 군더더기 없이 명쾌함을 알 것이다.

'해와 달이 흐르고 지나가며 시간이 변하고 세월이 옮겨가면서 늙음에 이르는 것은 마치 번개와 같구나. 이 몸을 어찌 믿을 수 있겠느냐. 내가 비록 부귀하다 하더라도 어찌 홀로 면하게 되겠느냐. 어찌하여 세간 사람들은 두려워하지 않는 것일까.'

다음에는 늙음보다 더욱 명문장인 인간의 생로병사 중 병고와 죽음에 대한 정의가 나온다.

석보상절,
훈민정음 조선 대장경의 길을 열다

열한 번째 이야기

◯

사문유관, 병듦과 죽음에 대하여

●

「석보상절」 스물네 권 중 현재 열 권이 현재 전해지고 있다. 그 첫 권인 제3권에서 내가 가장 좋아하는 구절을 꼽으라면 나는 서슴없이 이 사대문 밖 이야기 중 '병듦에 대하여'를 꼽을 것이다. 내가 40대 초반일 때 내 어머니는 당뇨 말기 합병증으로 복막투석과 녹내장으로 앉지도 눕지도 걷지도 못하고 고생하고 계셨다. 나는 당시 한 자 한 자 사경하는 마음으로 이 구절을 읽으며 그야말로 전율이 일었다. 인간이 병드는 원인을 이렇게 단순 명쾌하게 정의할 수 있을까. 과연 여러분은 어떻게 느끼실지 최초의 조선 불교 대장경 속으로 들어가 보자.

석보상절,
훈민정음 조선 대장경의 길을 열다

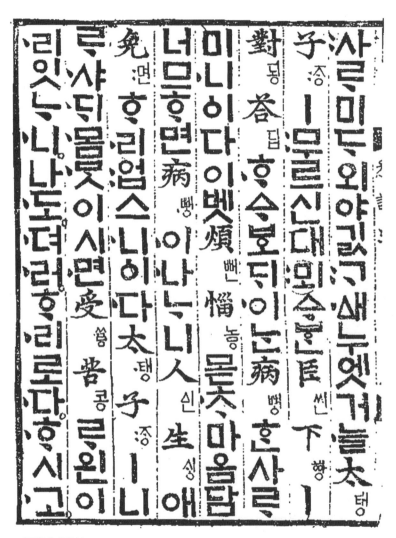

| 병듦에 대하여 |

석보상절,
훈민정음 조선 대장경의 길을 열다

사문유관, 남문 밖 병든 사람을 관하다
병이란 입의 번뇌를 못 참아 음식을 너무 많이 먹어 생기는 것

버거 南門 밧긔 나가시니 淨居天이 病흔<釋詳3:17ㄴ> 사ᄅ미 두외
야 긼 ᄀ새 누엣거늘

太子ㅣ 무르신대

뫼ᅀᆞᄫᆞᆫ 臣下ㅣ 對答ᄒᆞᅀᆞᄫᅩ디 이는 病흔 사ᄅ미니이다 이벳 煩惱 몯
ᄎᆞ마 음담 너므 ᄒᆞ면 病이 나ᄂ니 人生애 免ᄒᆞ리 업스니이다

太子ㅣ 니ᄅ샤디 몸못 이시면 受苦ᄅ왼 이리 잇ᄂ니 나도 뎌러ᄒᆞ리
로다 ᄒᆞ시고<釋詳3:18ㄱ> 도라 드르샤 시름ᄒᆞ야 ᄒᆞ더시다

———

다음에 남문 밖에 나가시니 정거천이 병든 사람이 되어 길가에 누웠
거늘 태자께서 물으셨다. 모시던 신하가 대답하였다.

"이 사람은 병든 사람입니다. 입의 번뇌를 못 참아 음식을 너무 많
이 먹으면 병이 나는 것이니 인생에 면할 사람이 없습니다."(太子又
問 何謂爲病 答曰 夫謂病者 皆由嗜欲飮食無度)[6]

태자가 말씀하셨다.

"몸이라는 것이 있으면 괴로움을 받는 수고로운 일이 있는 것이니
나도 저러할 것이로다."

하시고 궁으로 돌아가 들어앉아 시름겨워 하셨다.

---

6 『석가보』21c25.

'입의 번뇌를 못 참아 음식을 너무 많이 먹고 있는' 나도 어느새 당뇨 환자 몇 년 차이다. 봐도 봐도 뜨끔한 이 한마디. 우리 어머니가 전 생애를 들여 온몸으로 가르쳐 주신 이 한 줄을 나도 어쩌지 못하고 걸려들었다. 엄마는 일제강점기에 태어나 한국전쟁을 겪고 남녀차별 극심한 시대를 관통하며 21세기 시작 즈음까지 사셨다. 가난한 시집과 친정의 대소사, 우리 집 대식구들을 위해 뼈가 부서지게 일하셨다. 그리곤 나이 마흔에 그 당시 이름도 생소했던 '한국형 당뇨'라는 병에 걸렸다. 못 먹고 못배우고 한평생 고생만 하다가 겨우 먹고 살 만해진 나이에 걸린 이 병은 '먹는 것'을 극도로 제한하는 병이었다. 엄마는 너무나 억울해 하며 '먹고나 죽겠다'고 하셨다. 우리는 엄마의 간난신고의 시절을 너무나 잘 알고 있었기에 적극적으로 말릴 수가 없었다. 결과는 참혹하였다. 갖은 합병증 끝에 60대에 돌아가셨다. 그러나 이럴 줄 알았다면 다시 돌아가 죽기살기로 말렸을까. 아마 그러지 못하였을 것이다. '몸이라는 것이 있으면 괴로움을 받는 것'이 철리이니 결국 나 또한 조심하였지만 그 길에 동참하고 말았기 때문이다. 인생에 면할 사람이 없는 것이다.

『과거현재인과경』에는 더욱 구체적으로 병에 대하여 자세히 서술하고 있다.

'병이라 함은 모두가 탐하며 욕심 내고 음식에 절도가 없는 탓인데 사대육신이 고르지 못하다가 점점 변하여 병이 됩니다. 온 뼈마디가 고통스럽고 기력이 없어지며 음식을 먹지 못하고 잠자리가 편안하지 못하옵니다. 비록 몸과 손이 있기는 하나 제대로 움직일 수 없고 남의 힘을 빌린 연후에야 앉고 일어납니다(夫謂病者 皆由嗜欲 飲食無度 四大不調 轉變

석보상절,
훈민정음 조선 대장경의 길을 열다

成病 百節苦痛 氣力虛微 飲食寡少 眠臥不安 雖有身手 不能自運 要假他力
然後坐起).'

　병의 원인은 음식을 너무 탐하고 욕심껏 과도하게 먹는 데 있다. 명심
하고 명심할 일이다. 『과거현재인과경』의 병든 상태를 자세히 기술하는
것을 목격하였다. 나의 남편이 갑자기 암이 발병해 1년 반 만에 세상을 떠
났다. 과도한 흡연과 스트레스가 주원인이었다. 마지막 한 달 반 간병을
할 때 그 건강하고 건장하던 사람이 기력이 없어져 휠체어를 타게 되었어
도 나는 곧 일어설 줄 알았다. 시나브로 몸을 움직이지 못하고 말도 못하
게 되고 산소마스크에 의존해 겨우 호흡하는 과정을 목도해 가는 경험은
진정 나에게 병과 사의 실체를 체감하게 하였다. 숨을 쉬기 어려울 때까
지 담배를 끊지 못하는 그 심정을 나는 헤아리지 못한다. 의사에게 자신
도 끊고 싶다고 토로하는 것을 보고 습관의 포로가 되는 것이 얼마나 무
서운 일인지 알았다. '탐착'에 대하여 처음에는 이해 못해 미워했다가 나
중에는 어쩌지 못하는 그 사람이 되어 함께 울게 되는 것이다.
　살아남은 자는 지수화풍 사대로 이루어진 나의 몸을 조절하기 위하여
운동을 하고 최대한 남에게 의지하지 않는 삶을 살아야 한다. 민폐가 되
지 않도록 나의 손발을 움직여 목숨이 다하는 날까지 몸과 마음을 건강하
게 할 일이다. 우리는 이제 거의 누구나 독거하다가 고독사하는 세상에
살고 있다.

王이 臣下들ᄃᆞ려 무르샤ᄃᆡ 길흘 조케 ᄒᆞ라 ᄒᆞ다니 엇뎨 病ᄒᆞᆫ 사ᄅᆞ믈
ᄯᅩ 보게 ᄒᆞᆫ다

對答ᄒᆞᅀᆞᄫᅩᄃᆡ 술표미ᅀᅡ ᄀᆞ장 ᄒᆞ야마ᄅᆞᆫ 아모ᄃᆞ셔 온 디 몰로리 믄득
알ᄑᆡ 내ᄃᆞᄅᆞ니 우리 罪 아니이다

王이 하ᄂᆞᆳ 이린 둘 아ᄅᆞ시고 罪 아니 주시니라

———

왕이 신하들에게 물으셨다.
"길을 깨끗하게 하라 하였더니 어찌 병든 사람을 또 보게 하였느냐."
신하들이 대답하였다.
"살피는 일이야 가장 극진히 하였지만 어디서 온 지 모르는 사람이
문득 앞에 내달아 나타나니 우리의 죄가 아닙니다."
왕이 하늘의 일인 줄 아시고 벌을 주지 않으셨다.

아버지 정반왕이 아들 싯달타를 출가시키지 않으려고 갖은 방편으로
애면글면하는 모습이 눈물겹다. 하지만 이미 하늘의 뜻이라 인간의 힘으
로 어쩔 수 없다는 것을 알고 체념하는 모습 또한 애잔하다. 인간으로 태
어나 늙고 병드는 자연의 이치를 누구인들 거스를 수 있겠는가. 이것을
어떻게 받아들이고 살아가느냐가 우리를 철학자로 만드는 것이다.

정답이 있을 수는 없다. 다만 자기의 깜냥만큼 근기만큼 가볍게든 무겁
게든 그 무게의 등짐을 지고 살아가는 것이다.

「석보상절」 원문에는 신하들이 '우리의 죄'가 아니라 강변하니 왕은
'죄를 주지 않으셨다'라고 쓰여 있다. 똑같은 '죄'가 두 번 쓰이고 있는데

석보상절,
훈민정음 조선 대장경의 길을 열다

현재 '죄'와 '벌'의 의미이다. 우리는 지금도 종종 나쁜 짓을 한 사람을 보면 그러다 '죄받는다'라는 말을 쓴다. 사전에는 '죄에 대하여 벌을 받다'로 풀이되어 있다. '죄주다'라는 말은 '죄에 대하여 벌을 주다'로 풀이한다. 우리의 심리 속에 나쁜 일을 저지르고 난 뒤 받는 벌보다 나쁜 일을 하는 자체를 저어하고 무서워하는 것이 투영된 표현이 아닐까. 어쩌면 죄를 저지르는 상황에 처해진 것 자체가 벌인 것이다. 죄와 벌은 둘이 아니다. 600년 전 글을 읽으며 우리 낱말의 어원과 쓰임새에 대해서 곰곰이 사유하게 된다. 살아오면서 경험한 나의 죄와 벌도 상기하게 된다.

사문유관, 서문 밖에서 죽음을 관하다
죽어도 넋이 있다

호 婆羅門이<釋詳3:18ㄴ> 아돌 優陁夷라 호리 聰明ᄒ며 말 잘ᄒ더니
王이 블러다가 太子ㅅ 버들 사ᄆ샤 時常 겨틔 이셔 시르믈 플에 ᄒ시니라
太子ㅣ 쏘 西門 밧긔 나가시니
淨居天이 주근 사름 ᄃ외야 네 사르미 메오 모다 울며 조차가거늘
太子ㅣ 무르신대
優陁夷 對答ᄒᅀᆞᆸ오디<釋詳3:19ㄱ> 주근 사르미니 人生애 免ᄒ리 업스니이다
太子ㅣ 니ᄅ샤디 주근 사르믈 보니 넉슨 업디 아니ᄒ도다 주그락

살락 ᄒᆞ야 다숫 길헤 ᄃᆞᆫ녀

다숫 길흔 地獄과 餓鬼와 畜生과 天道와 人道왜라

天道ᄂᆞᆫ 하ᄂᆞᆯ해 가 나는 길히오 人道ᄂᆞᆫ 사ᄅᆞᆷ ᄃᆞ외야 오는 길히라

受苦ᄒᆞᄂᆞ니 나는 내 精神을 ᄀᆞᆺ고디 아니케 호리라 ᄒᆞ시고

精神은<釋詳3:19ㄴ> ᄆᆞᅀᆞ미니 넉시라 ᄒᆞᄃᆞᆺᄒᆞᆫ 마리라

도라 ᄃᆞ르샤 더욱 시름ᄒᆞ야 ᄒᆞ더시다

－－－

한 바라문의 아들 우다이라 하는 이가 총명하며 말을 잘하였는데 정반왕이 불러다가 태자의 벗을 삼으셔서 항상 곁에 있게 하여 시름을 풀게 하셨다.

태자가 또 서문 밖에 나가시니 정거천이 죽은 사람이 되어 네 사람이 어깨에 메고 모두 울면서 좇아가거늘 태자께서 물으셨다. 우다이가 대답하였다.

"죽은 사람이니 인생에서 면할 사람이 없습니다."

태자가 말씀하셨다.

"죽은 사람을 보니 넋은 없지 아니하도다. 죽으락 살락하며 다섯 길에 다녀 괴로움을 당하는 것이니 나는 내 정신을 힘들게 하지 않을 것이다."

하시고 돌아오셔서 더욱 시름에 차 계셨다.

다섯 길은 지옥과 아귀, 축생, 천도, 인도이다. 천도는 하늘에 가서 태어나는 길이요 인도는 사람이 되어서 오는 길이다. 정신(精神)은 마음이니 넋이라 하는 것과 같은 말이다.

석보상절,
훈민정음 조선 대장경의 길을 열다

생로병사(生老病死)의 마지막 관문인 죽음을 관찰하는 태자. 그의 말벗은 이제 신하가 아니라 아버지가 골라준 우다이란 친구이다. 우다이(優陀夷, Udāyi)는 정반왕(淨飯王)의 참모 우타야나의 아들인데 총명하고 지혜로웠다고 한다.

네 사람이 죽은 사람을 들쳐메고 장례를 치르는 장면을 본 둘의 문답이 예사롭지 않다. '죽음은 인생에서 면할 사람이 없다'는 명제.

여기서 싯달타의 통찰이 돋보인다. 죽은 사람에게 '넋이 있다'는 것. 그리고 넋과 정신, 마음을 같은 의미로 사용하고 있다. 죽은 이의 무엇을 보고 넋이 있다고 한 것일까.

불교를 모르는 사람이라도 가까운 이가 떠나면 넋이 있음을 믿게 되고 믿을 수밖에 없다. 믿어야 그 슬픔을 견디고 살아갈 수 있기 때문이다. 그래서 정성스럽게 장례식을 하고 49재를 치르는 것이다.

나의 경우 엄마가 돌아가시고 나서야 엄마의 넋을 믿게 되었다. 엄마의 피가 나에게 흐르고 있듯이 정신도 마음도 나에게 전해지고 있고 힘이 된다는 생각으로 살고 있다. 배우자가 떠난 후에는 그의 몫까지 기쁘고 행복하리라. 그저 그 마음뿐이다.

60대가 되니 주위에서 평생 함께 한 분들이 돌아가시는 주기에 접어들었다. 평생 함께 한 식구를 여읜 후 매일 나의 방식대로 재를 지내고 있다. 아침마다 사진 앞에 차 한 잔, 과일 하나 정성스레 올리고 하루의 일상을 이야기하고 귀가하면 잘 다녀왔다고 인사를 한다. 앞서 경험을 한 분들의 말을 들으니 날이 가고 해가 갈수록 슬픔이 엄습한다는 것이다. 엄습(掩襲), 갑자기 문득 들이닥친다는 것이다. 그러나 분명한 한 가지는 우리도 곧 죽는다는 엄연한 사실이다. 어느 때는 이것이 위로가 된다.

2500년 전의 죽음을 읽으면서 우리는 현재 살아 있음이 당연하지만 2500년 후 이 글이 남아 있다면 누군가는 이 글을 읽으며, '이 사람 또한 죽은 지 오래건만 언제까지나 살아있을 마음으로 번역을 했네.' 할 것이다. 누구도 면할 수 없는 죽음, 다만 앞서거니 뒤서거니 자기의 보폭으로 걸어갈 뿐이다.

눈에 띄는 표현 하나. 사람이 윤회하는 것을 '죽으락 살락' 한다고 하는 것이다. 현재는 '할락 말락, 보일락 말락' 등으로 남아 있지만 '~락'은 '상대되는 두 동작이나 상태가 번갈아 되풀이' 되는 것이다. 한마디로 인간으로 살았다가 죽고 짐승으로 살았다가 죽고 하기를 되풀이한다는 것이다. 이 「석보상절」 제3권이 초간본이 아니라 중간본이라서 '죽으락 살막'이라고 잘못 판각된 부분이 있다. '죽으락 살락'으로 고쳐 번역한다.

흔히 말하는 육도 윤회가 아니라 '오도(五道) 윤회'를 한다고 갈파한다. 오도란 '지옥과 아귀, 축생, 천도, 인도'이다. 여기에 '아수라'를 더하면 육도가 된다. 첫째 지옥도(地獄道)는 가장 육체적 고통이 심한 세상이다. 둘째 아귀도(餓鬼道)는 지옥보다 육체적인 고통을 덜 받으나 반면에 굶주림의 고통을 심하게 받는다. 셋째 축생도(畜生道)는 네 발 달린 짐승을 비롯하여 새, 고기, 벌레, 뱀까지도 모두 포함되는 세상이다. 넷째 인간이 사는 인도(人道)이고, 다섯째는 행복이 두루 갖추어진 하늘 세계의 천도(天道)이다. 곧 인간은 현세에서 저지른 업에 따라 죽은 뒤에 다시 다섯 세계 중의 한곳에서 내세를 누리며, 다시 그 내세에 사는 동안 저지른 업에 따

석보상절,
훈민정음 조선 대장경의 길을 열다

라 내내세에 태어나는 윤회를 계속하는 것이다.

　태자는 여기서 한 소식하고 있다. 범부인 나와 다른 점이다. 자신의 정신을 오도에 휩쓸리지 않게 하리라는 결심이 그것이다. 이제 그 결심을 실천할 일만 남았다. 그렇다면 어떻게 할까. 사문유관의 마지막 북문 밖의 이야기에 그 해답이 나타난다.

○

사문유관,
사문(沙門)을 만나 출가를 결심하다

●

이번 이야기에서 싯달타 태자는 드디어 사대문 중 마지막 북문에 나가 '노병사(老病死)'를 관찰하고 시름에 겨웠던 원인의 결과를 해결할 열쇠를 찾는다. 그것은 곧 출가한 비구 사문을 만나는 일이다. 이제 북쪽 대문 밖에서 기다리고 있던 정거천이 비구스님 차림으로 멋지게 걸어가서 태자가 한눈에 반하게 할 차례이다.

그동안 절을 기웃거리며 절밥을 얻어 먹은 지 서른 해 남짓에 많은 스님들의 출가동기를 듣기도 하고 『삼국유사』 등에서 고승대덕의 이야기를 살피게 되었다. 하나같이 예사롭지 않았다. 특히 『삼국유사』 효선 편의 스토리텔링은 모두 편부 편모 슬하에서 자란 효심 깊은 이들이 효도와 불교 수행이 둘이 아니라는 인간적이고 철학적인 메시지를 담고 있다.

최근에 들은 신미의 제자 학조스님의 이야기도 흥미롭다. 어린 학조를 보고 지나가던 스님이 출가시켜야 한다며 아이 발바닥에 '왕(王)' 자가 새겨진 것으로 아버지를 설득한다. 조선에 왕이 둘이어서는 안 되는 것이었기 때문이다. 스님은 장수하며 스승 신미를 이어 훈민정음 불경을 간행하고 세조부터 중종 대까지 큰 활약을 하여 결국 '승왕'이라 불렸다.

싯달타에게 출가란 무엇일까. 어쩌면 태자를 사이에 두고 생로병사를 연기한 정거천과 출가를 막는 아버지 정반왕의 한판 겨루기가 아닌가. 여기에서 정거천의 승리를 관전하는 재미도 쏠쏠하다.

북문 밖 태자, 사문을 만나다

쏘 北門 밧긔 나가샤 물 브려 즘게 미틔 쉬시며 뫼슨톤 사룸 믈리시고 ᄒᆞ오사 기픈 道理 스랑ᄒᆞ더시니
淨居天이 沙門이 ᄃᆞ외야 錫杖 잡고 바리 받고 알ᄑᆞ로 디나가거늘
沙門ᄋᆞᆫ 브즈러니 힝뎍 닷ᄂᆞ다 혼 마리니 쥬을 沙門이라 ᄒᆞᄂᆞ니라
杖ᄋᆞᆫ 막다히니 막다힛 머리예 <釋詳3:20ㄱ> 골회 이셔 디퍼 든닐 저긔 錫錫ᄒᆞᆫ 소리 날 씨 錫杖이라 ᄒᆞ니라

— — —

또 북문 밖에 나가서서 말을 부려 놓고 '즘게' 나무 밑에 쉬시며 모시고 있는 사람을 물리치고 혼자 깊은 도리를 생각하고 있으니 정거

천이 사문이 되어 석장을 짚고 바리때를 받치고 앞으로 지나갔다.

사문(沙門)은 부지런히 행적을 닦는다는 말이니 중을 사문이라고 한다. 장(杖)은 막대기이니 막대기에 고리가 있어 짚고 다닐 때 석석(錫錫)한 소리가 나므로 석장이라 한다.

이제 태자는 성문 밖에 나가 커다란 나무 아래 단정히 앉아 사유[端坐思惟]하는 일이 일과가 된 것처럼 보인다. 그래 봤자 시종들이 따라붙고 말을 타고 시정을 굽어 살피는 시찰의 연장선상에 있지만 말이다. 그들을 물러가게 하고 말에서 내려 앉아 깊은 도리를 생각하는 명상에 잠겼을 때 우리의 정거천께서 스님의 모습을 하고 등장하신다.

여기서 사문의 모습이란 부지런히 행적(行蹟)을 닦는 사람이고 '중'이라 부른다. 행적은 도를 닦는다는 뜻이다. 지금은 '중'이라는 단어가 '스님'을 낮잡아 부르는 호칭이 되었지만 15세기 당시에는 우리가 호칭하는 '스님' 이상의 뜻이었다. 「석보상절」 6권에는 승가의 의미로 '중님네'란 단어도 나온다. 또한 '부처'라고 쓰지 '부처님'이라고 하지 않는다. 어쩌면 '님'이 덧붙지 않아도 저절로 존경의 의미가 우러나는 본래의 우리말이 점점 격하된 예가 아닐까. '아줌마'가 '여사님'이 되고 '김씨'가 '김사장님'이 되어가는 선례처럼 말이다. 유교의 나라 조선에서 혹독한 불교 박해로 인한 의미의 인플레이션……

이 사문의 거동 보소. 석장을 짚고 바리때를 들고 천천히 걸어갈 뿐이다. 그 지팡이에서 고리가 달려 석석한 소리가 난다. 훤칠한 대장부의 모습으로 걷는 것만으로 좌중을 압도한다. 석장은 윗부분을 주석으로 만든

석보상절,
훈민정음 조선 대장경의 길을 열다

지팡이인데 탑 모양인 윗부분에는 큰 고리가 있고 그 고리에 작은 고리를 여러 개 달아 소리가 나게 되어 있다. 짤랑거리는 지팡이 소리 정도가 되

| 통도사 봉발탑 |

| 부처발우 공양상 |
파키스탄 페새와르 (동경국립박물관)

| 인도 산치대탑 |

겠는데 '석석하다'는 표현이 마음에 든다. 사전에는 까끌거리는 '깔깔하다'와 '차갑다'는 방언으로 남아 있다.

바리때는 스님들이 사용하는 밥그릇, 곧 발우를 말한다. 그런데 그 발우를 받쳐든다고 한다. 인도 조각을 살펴보면 큰 발우를 두 수행자가 어깨에 받치고 있는 모습이 보인다. '받다'는 꽤 여러 용도로 쓰이고 있는데 한 손에 지팡이 짚고 한 손에 발우를 어떤 모습으로 잡아야 공경하는 의미가 담긴 '받다'를 표현할 수 있는지 문득 궁금하다. 통도사의 봉발탑에서 발우를 얼마나 공양의 대상으로 보고 있는지 볼 수 있다. 인도의 산치대탑처럼 발우를 엎어 놓은 형상의 탑을 '복발탑'이라고 부른다. 발우를 '받다'라는 표현에서 공경하여 봉양하는 '이받다'도 연상된다. 『석가보』에는 사문이 의복을 단정히 하고 손에는 법기(法器)를 들었다고 하는 데 「석보상절」에서는 사문의 씩씩 장엄한 모습을 지팡이와 발우로 구체화하고 있다.

太子ㅣ 무르샤디 네 엇던 사르민다

對答ᄒᆞᅀᆞᄫᅩ디 부텻 弟子 沙門이로이다

太子ㅣ 무르샤디 엇뎨 沙門이라 ᄒᆞᄂᆞ뇨

對答ᄒᆞᅀᆞᄫᅩ디 三界 어즈럽고 六趣ㅣ 어즐ᄒᆞ거늘 ᄆᆞᅀᆞᆷ 아라 根源을
ᄉᆞᄆᆞᆺ 볼 씨 일흐믈 沙門이라 ᄒᆞᄂᆞ니이다 ᄒᆞ고 虛空애 ᄂᆞ라 니거늘

三界 內옛 숨튼 거시 사름 ᄃᆞ외락 중싱 ᄃᆞ외락 ᄒᆞ야 그지 업시 六趣예 두루 돈
닐씨 어즈럽다 ᄒᆞ니라 六趣는 여슷 길ᄒᆞ로 갈 씨니 우희 닐온 다ᄉᆞᆺ<釋詳3:20
ㄴ> 길헤 阿修羅 조차 여스시라

부텨는 三界 밧긔 버서나샤 長常 便安ᄒᆞ거시ᄂᆞᆯ 衆生ᄋᆞᆫ 버서날 이ᄅᆞᆯ 아니ᄒᆞ야

석보상절,
훈민정음 조선 대장경의 길을 열다

| 출가 사문에 대하여 |

六趣에 둗뇨디 受苦른뷘 주를 모룰 씨 어즐ᄒ다 ᄒ니라

———

태자가 물으셨다.

"그대 어떤 사람인가."

대답하되

"부처의 제자 사문이라 합니다."

태자가 물으셨다.

"어찌 사문이라 하는가."

대답하되

"삼계가 어지럽고 육취가 어지럽거늘 마음을 알아서 근원을 꿰뚫어 보기 때문에 이름을 사문이라 합니다."

하고 허공으로 날아갔다.

삼계 안에 목숨을 타고난 것이 사람이 되었다가 중생이 되었다가 하면서 끝없이 육취에 두루 다니므로 어지럽다 하는 것이다. 육취는 여섯 길로 가는 것이니 위에 말한 다섯 길에 아수라를 더해 여섯이다. 부처는 삼계 밖을 벗어나시어 항상 편안하시거늘 중생은 벗어날 일을 하지 않아 육취에 떠돌되 수고로운 줄을 모르므로 어지럽다고 한다.

태자가 그의 모습을 보고 무엇하는 사람인가 묻는다. 사문이란 삼계(三界) 육취(六趣)가 어지러운 이 세상에 살아가면서 그 본질을 마음으로 꿰뚫어 보는 사람이라고 대답한다.

그렇다면 삼계와 육취가 무엇인가. 삼계는 욕계 · 색계 · 무색계라는 불

석보상절,
훈민정음 조선 대장경의 길을 열다

교의 우주관을 말한다. 그 안에서 끊임없이 육취라는 천, 인, 아수라, 축생, 아귀, 지옥 육도를 사람이 되었다가 축생이 되었다가 윤회하는 일을 모두 잡아 이르는 말이다. 오직 부처만이 삼계를 벗어나 항상 편안한데 그 부처가 되고자 수행하는 이가 사문이라는 것이다. 여기서 중생은 사람과 대비될 때는 '짐승'의 의미로 쓰이고, 부처와 대비될 때는 살아있는 모든 존재 곧 사람을 포함한 동물 등 육도를 윤회하는 대상을 가리킨다.

사문은 그렇게 말을 하고는 허공으로 날아갔다. 요즘 말로 시크하다. 그랬더니 태자의 반응.

太子ㅣ 니ᄅᆞ샤디 됴홀쎠 이ᅀᅡ ᄆᆞᅀᆞ매 훤히 즐겁도다 ᄒᆞ시고 도라 드르샤<釋詳3:21ㄱ> ᄀᆞ장 깃거ᄒᆞ시더라

네 門 밧긔 나샤미 부텻 나히 열아호비러시니 昭王 마ᅀᆞᆫ 네찻 ᄒᆡ 壬申이라

― ― ―

태자께서 말씀하셨다.
"좋을시고. 이것이야말로 마음에 훤해지고 즐겁도다."
하시고 돌아오셔서 가장 기뻐하셨다.
네 문 밖에 나가신 것이 부처의 나이 열아홉이시니 주나라 소왕 44년(임신 B.C. 953년)이다.

'좋을시고' 드디어 답을 찾았을 때 절로 나오는 이 한마디. 아마도 어깨춤이 절로 나지 않았을까. 요즘 2030 젊은 세대들이 취업도 결혼도 출산도 다 어렵다고 매사를 시큰둥하게 생각하는 경향이 있다. 나에게도 그런

| 탁발하는 비구사문과 태자가 만나는 모습 '사문유관' |

석보상절,
훈민정음 조선 대장경의 길을 열다

딸이 하나 있어 옆에서 보는 마음이 조마조마하였다. 정말 한 백 번쯤 취직시험에 떨어지고는 자존감이 지하 100미터로 추락했다고 말해 아주 작은 뭐라도 힘이 되어 주고 싶었다. 그러나 내가 할 수 있는 것은 그저 눈에 보이지 않는 기도와 응원하는 마음뿐이었다. 얼마 전 드디어 꿈같이 취직이 되었다며 좋아하면서도 한편 스스로도 믿지 못한다. 얼마나 떨어졌으면 합격을 비현실적인 일로 생각하고 실감조차 두려워하나.

　태자의 노병사(老病死) 통찰이 이에 비유가 되겠는가만 사문을 만나고 돌아와 기뻐하는 모습이 합격 소식을 들은 딸과 내 모습에 오버랩되어 하는 말이다. 오래 노력하고 고민하면서 길을 찾는 모든 이들에게 태자의 사문유관이 힘이 되었으면 좋겠다. 모두 사문을 만나고 돌아와 환희작약하면 얼마나 좋을까. 「월인천강지곡」 44장은 이 사문유관을 이렇게 짧고 명쾌하게 노래하고 있다.

其四十四
東南門 노니샤매 늘그니 病ᄒᆞ니를〈월인16ㄴ〉 보시고 ᄆᆞᅀᆞᆷ을 내시니
西北門 노니샤매 주그니 比丘僧을 보시고 더욱 바ᄎᆞ시니

— — —

사십사장
동남문 노니시매 늙은 사람 병든 사람을 보시고 출가의 마음을 내시니
서북문 노니시매 죽은 사람 비구승을 보시고 더욱 마음이 바빠지시니

석보상절,
훈민정음 조선 대장경의 길을 열다

태자가 늙음을 보고 세간의 슬픔이 깊어지고 병든 이의 괴로움을 보고 시름에 잠기더니 죽은 사람을 보고는 윤회의 괴로움에서 벗어나기를 결심한다. 그러다 사문을 만나 그 길이 있음을 알게 되어 기뻐하는 장면이다.

자, 이제 실천하는 일, 출가가 기다리고 있다.

태자, 출가를 결심하다

太子ㅣ 바미 王宮에 드르시니 光明이 두루 비취더시니

王끽 술보샤디 出家ᄒ고져 ᄒ노이다

王이 손목 자바 울며 니르샤디 이 ᄆᆞᆷ 먹디 말라 나라해 니스리 업스니라

太子ㅣ 니르샤디 네 가짓 願을 일우고져 <釋詳3:21ㄴ> ᄒ노니 늘굼 모르며 病 업스며 주굼 모르며 여희욤 모르고져 ᄒ노이다

王이 더욱 슬허 니르샤디 이 네 가짓 願은 녜록브터 일우니 업스니라

ᄒ시고 이틄나래 釋種ㅅ中에 勇猛ᄒ니 五百을 모도아 門 구디 자ᄇ라 ᄒ시니라

勇ᄋᆞᆫ 힘 세며 ᄂᆞᆯ날 씨오 猛ᄋᆞᆫ 미볼 씨라

———

태자가 밤에 왕궁에 들어가시니 광명이 두루 비쳤는데 왕께 사뢰었다.

"출가하고자 합니다."

왕이 손목을 잡고 울며 말씀하셨다.

"그런 마음을 먹지 말아라. 나라를 이을 사람이 없지 않느냐."

태자가 말씀하셨다.

"네 가지 소원을 이루고자 하오니, 늙음을 모르고 병이 없으며 죽음
을 모르고 여의는 것을 모르고자 합니다."

왕이 더욱 슬퍼하며 말씀하셨다.

"이 네 가지 소원은 예로부터 이룬 사람이 없느니라."

하시고 이튿날 석가종족 중에 용맹한 사람들 오백 명을 모아 문을 굳
게 잠그라고 하셨다.

용(勇)은 힘이 세며 날랜 것이요 맹(猛)은 매운 것이다.

정말 눈물 없이 볼 수 없는 아버지 정반왕의 간곡한 만류가 심금을 울
린다. 태자는 여기서 생로병사 중 생(生) 대신에 이별을 꼽는다(一者不老
二者無病 三者不死 四者不別). 어느 부모인들 자식의 앞길을 막고 싶겠는
가. 그러나 가겠다는 길이 어느 인간도 이루지 못한 노병사와 이별이 없
는 길이라니, 성문을 굳게 지키고 잠그는 수밖에. 누구나 부모의 말을 듣
지 않고 사서 고생을 하며 살다가 자신이 부모가 되고 나서야 그 심정을
헤아리고 눈물을 쏟는다. 인간적인 너무나 인간적인 「석보상절」의 이 장
면이 그래서 나도 슬프다.

특히 이 '이별'의 장면이 새삼스럽다. 인간의 4대 괴로움이 '생(生)'이
아니라 이별이라니……. '노병사'야 살아가면서 직접 겪고 있거나 간접
체험으로 그 괴로움을 절절히 알아가게 되지만 그 끝에 '이별'의 괴로움
이 버티고 있는 것은 간과하고 살았다. 「석보상절」 제3권에서는 사고(四

석보상절,
훈민정음 조선 대장경의 길을 열다

苦)에 해당하는 '생로병사' 대신 팔고(八苦) 첫 구에 해당하는 '애별리고(愛別離苦)'를 이야기하고 있다. 「석보상절」의 저본처럼 여겨지는 『석가보』 제1권에서도 그렇게 기록하고 있다.[7]

'사별(死別)'의 경험을 한 사람, 죽음의 끝에서 맞닥뜨리는 이별이 살아남은 자에게 얼마나 큰 괴로움이 되는가를 이 글을 쓴 사람은 잘 알 것이다. 그것이 어머니를 여읜 수양대군이든 그 극락왕생 발원문을 쓰라고 한 지아비 세종이든 어머니와 아내를 여읜 당사자라면 생(生)의 괴로움보다 별(別)이 훨씬 고통스러움을 토로할 수밖에 없었을 것이다. 나도 사별의 괴로움을 겪고서야 이 문구의 수수께끼를 풀게 되었다. 인간은 결국 아는 만큼 보이는 것이다.

---

7 『석가보』 1권 (ABC, K1047 v30, p.698b09-b12). 菩薩言 欲得四願 一者不老 二者無病 三者不死 四者不別 假使父王與此四願 不復出家 王聞重悲 此四願者 古今無獲. "보살이 말하였다. 네 가지의 원(願)을 이루고자 합니다. 첫째는 늙지 않는 것이요, 둘째는 병이 없는 것이며, 셋째는 죽지 않는 것이요, 넷째는 이별하지 않는 것입니다. 가령 부왕께서 이 네 가지의 소원을 이루어 주신다면 다시는 출가하지 않겠습니다." 왕은 듣고 거듭 슬퍼하면서 말하였다. "그 네 가지의 원은 예나 지금이나 이룬 이가 없다." (『석가보』 1권. ABC, K1047 v30, p.690a01)

○

싯달타 태자, 6년 후 아들 출산을 예언하다

●

살아가면서 인생의 결단을 내리기까지 고민을 치열하게 한 적이 있던가 생각해 본다. 나의 경우 결혼이 그랬던 것 같다. 삼십대 중반까지 독신을 고집하였다. 어느 날 내 걱정 때문에 밤잠을 설친다는 친척의 한마디가 자극이 되었다. 아니 우리 식구는 발 뻗고 편히 자는데 왜 친척이 잠을 못 자나. 20세기말 그때만 해도 여자는 20대에 시집 가서 아이를 낳는 것이 빠를수록 좋다는 사고방식이 지배적이었다. 결과적으로 남들보다 한 10년 늦게 결혼해서 딸을 낳았다. 내 인생에 가장 잘한 일이다. 가끔 악지식이 인생의 선지식이 되는 경우가 있다.

석보상절,
훈민정음 조선 대장경의 길을 열다

지난 이야기에서 아버지 정반왕은 태자 싯달타의 출가 결심을 듣고 울며 말리고 있다. 그 내용을 「월인천강지곡」은 이렇게 노래하고 있다.

其四十五
아바닚긔 말 ᄉᆞᆲ바 네 願을 請ᄒᆞ샤 지블 나아 가려 터시니
太子ㅅ 손 자ᄇᆞ샤 두 눛믈 디샤 門을 자펴 막ᄌᆞᄅᆞ시니

— — —

사십오장
아버님께 말씀드려 네 가지 소원을 청하며 집을 나가고자 하시니
태자의 손 잡으시고 두 눈에 눈물 지으시며 문을 잡고 막으시니

태자는 '노병사'와 '이별'의 괴로움을 여의고자 출가하고자 하였다. 싯달타 태자는 정거천의 인도에 따라 출가의 결심을 굳히고 차근차근 채비를 한다. 먼저 정반왕이 걱정하는 후사를 잇기 위하여 부인 구이에게 아들을 낳을 거라 예언한다. 구이는 남편이 곧 출가할 것을 직감하고 항상 곁을 지킨다. 아버지 정반왕은 아들의 마음을 돌리기 위해 풍류하는 엔터테이너를 더 늘리기에 여념이 없다.

그럴수록 출가를 지휘하는 정거천은 밤마다 내려와 태자의 마음을 일깨우고 다잡는다. 태자에게 세상 환락을 시틋하게 여기게 한다. 그렇게 태자가 출가하는 날 이월 초이레가 다가온다.

태자, 6년 후 아들 라후라 출산 예언

太子ㅣ 妃子ㅅ<釋詳3:22ㄱ> 빈롤 マ르치시며 니르샤디 이 後 여슷 히
예 아돌 나흐리라

俱夷 너기샤디 太子ㅣ 나가싫가 疑心ᄒ샤 長常 겨틔 떠디디 아니터시다

― ― ―

태자가 부인의 배를 가리키며 말씀하셨다.

"지금 이후 여섯 해째에 아들을 낳으리라."

구이가 생각하기를 태자가 나가실까 의심하여 항상 곁에서 떨어지
지 아니하였다.

태자가 아들 라후라를 구이에게 임신 수기하는 내용에 대해서는 여러
가지 이야기가 있다. 『불설중허마하제경』 5권에는 "만약에 아들이거나
딸이 없이 곧 떠나가서 수행하면 뭇 사람들이 함께 말하기를 '실달다 태
자는 바로 대장부가 아니었으리라'고 하리니, 나아가 이별한 뒤에 야륜타
라의 몸에 임신을 하게 하리라(若無男女便去修行 衆人俱言 悉達多太子
非是丈夫 出別之後 即令耶輸身有懷妊)." 하는 내용이 나온다.

그러나 『근본설일체유부비나야파승사』 4권에서는 "그때 보살은 궁 안
의 유희하는 장소에 있으면서 혼잣말을 하였다. '나는 지금 세 명의 부인
과 6만 명의 채녀가 있는데 만약 그들과 세속적인 즐거움을 즐기지 않는
다면, 바깥사람들이 나를 남자가 아니라고 의심할 터이니 나는 지금 야수
다라와 합방할 것이다.' 야수다라는 그 길로 임신하였다."고 말한다.

석보상절,
훈민정음 조선 대장경의 길을 열다

'구이'를 '야륜타라'와 '야수다라'로 명명하고 있지만 출가 후의 임신과 출가 당일 임신 두 가지 내용이 경전마다 다르게 기록되고 있다. 그만큼 보통 사람의 생각에 라홀라의 탄생은 상식적으로 납득이 어렵기 때문일 것이다. 「월인천강지곡」은 이렇게 노래하고 있다.

其四十六
孝道ᄒ실 ᄆᅀᆞᆷ애 後ㅅ 날ᄋᆞᆯ 分別ᄒ샤 俱夷 비를 ᄀᆞᄅ치시니
어엿브신 ᄆᆞᅀᆞᆷ애 나가싫가 저ᄒ샤 太子ㅅ 겨틔 안쪼ᄫᅳ시니

－－－

사십육장
태자는 효도하실 마음에 훗날을 생각하여 구이의 배를 가리켜 임신을 수기하시니
구이는 어여쁘신 마음에 태자 나가실까 저어하여 태자 곁에 앉아 계시니

태자가 아버지 정반왕께 아들 도리를 다하고자 아내 구이에게 임신을 예언했든, 그날 임신을 했든 후사를 확실히 한다는 내용이 중요하다. '어여쁘다'는 훈민정음 서문에 '백성을 어여삐 여겨 새로 글자를 창제한다.'고 썼듯이 현대어 '귀엽고 사랑스럽다'는 의미와는 좀 다르다. '가엾이 여긴다'라는 '민연(憫然)'의 뜻이 강하다. 그러나 현대와 중세의 의미를 함축하여 이 말을 되살려 쓰고 싶어 그대로 살렸다.

글을 모르는 것이 안타깝고 가엾고 딱한 생각이 드는 어여삐 여김이라

면, 아내 구이가 고대광실에서 부족함 모르고 자란 남편 싯달타가 왕의 자리를 박차고 출가수행자가 되려는 모습도 딱 그만큼이라는 생각과 무엇보다 그 저변에는 사랑이 깔려 있기 때문이다. '저어하다'도 아름다운 순수 우리말이다. '염려하고 걱정하여 꺼리는' 마음이 깃든 모습으로 남편의 곁을 떠나지 않는 어여쁜 아내인 것이다.

'출가'는 세속을 떠나는 '출세간(出世間)'의 의미이다. 이생을 하직하는 것도 어찌 보면 출세간이다. 남편이 수행을 하러 집을 나서든 세상을 떠나 한 집에 살지 못하게 되든 다시는 만날 기약이 없다는 것. 얼마나 애절하게 그를 지키고 싶었으면 한순간도 곁을 떠나지 않고 앉아 있을까. 그 사라질 존재에 대한 안타까움과 사랑, 애틋함이 어여쁜 것이요 끝내 떠날 것을 알아 막아서는 마음이 저어함이다.

매일 밤 정거천의 일깨움

太子ㅣ 門 밧긔 가 보신 後로 世間 슬혼 ᄆᆞᅀᆞ미 나날 더으거시ᄂᆞᆯ
王이 ᄉᆞ지 풍류ᄒᆞᆯ 사ᄅᆞᄆᆞᆯ 더ᄒᆞ야 달애더시니 長常 밦中이어든<釋詳
3:22ㄴ>

淨居天이 虛空애 와 일ᄶᅴ오ᅀᆞᆸ고 풍륫가시 다 五欲이 즐겁디 아니ᄒᆞ고

五欲은 누네 됴ᄒᆞᆫ 빗 보고져 귀예 됴ᄒᆞᆫ 소리 듣고져 고해 됴ᄒᆞᆫ 내 맏고져 이베
됴ᄒᆞᆫ 맛 먹고져 모매 됴ᄒᆞᆫ 옷 닙고져 홀 씨라

世間이 無常ᄒᆞ니 어셔 나쇼셔 ᄒᆞᆯ 소리를 ᄒᆞ게 ᄒᆞ며 풍류ᄒᆞᄂᆞᆫ 겨집들히

석보상절,
훈민정음 조선 대장경의 길을 열다

니기 즘드러 옷 フ외 헤디오고 추미며 더러븐 거시 흐르게 ᄒ야든<釋
詳3:23ㄱ>

太子ㅣ 보시고 더욱 싁트시 너겨 ᄒ더시다

－－－

태자가 문 밖에 나가 보신 후로 세간의 슬픈 마음이 나날이 더하시거
늘 왕이 오히려 풍류하는 사람을 더하여 달래시었다.

항상 밤중이 되면 정거천이 허공에 내려와 일깨워 드렸다.

풍류하는 모든 것들이 모두 태자의 오욕에 즐겁지 않게 하고 세상이
무상하니 '어서 출가하소서' 하는 소리를 하게 하였다.

오욕은 눈에 좋은 빛 보고자 하는 것과 귀에 좋은 소리 듣고자 하는 것, 코
에 좋은 냄새 맡고자 하는 것, 입에 좋은 맛 먹고자 하는 것, 몸에 좋은 옷
입고자 하는 것이다.

풍류하는 여인들이 깊이 잠들어 아랫도리 옷이 풀어 헤쳐지고 코와
침 같은 더러운 것이 흐르게 하였거든, 태자가 보시고 더욱 시틋하게
여기셨다.

정반왕이 세간의 오감과 몸을 즐겁게 하는 즐거움으로 태자를 붙들어
두려고 노력할수록 정거천은 눈에 보기 아름답고 귀에 좋게 들리는 음악
소리, 향기로운 냄새, 맛있는 음식, 좋은 옷이 덧없게 느껴지도록 한다.
세상일이 무상하니 출가하라는 말을 들은 태자는 자신을 즐겁게 한 아름
답고 기에 뛰어난 여인들의 무방비하고 추한 모습을 목도하고 세상 모든
것이 시틋해진다. 마음이 내키지 않고 싫증나 시들하다는 우리말 표현이

다. 정거천의 완판승이다.

其四十七
아바님 分別ᄒ샤 고ᄫᆫ 각시ᄃᆞᆯ콰<월인17ㄴ> 風流ㅅ 소리로 善心ᄋᆞᆯ 마
ᄀᆞ시니
淨居天의 神力에 더러ᄫᆫ 각시ᄃᆞᆯ콰 風流ㅅ 소리로 欲心ᄋᆞᆯ 막ᄉᆞᄫᅵ니
— — —
사십칠장
**아버님 분별하여 고운 각시들과 풍류 소리로 태자의 선심(善心)을 막
으시니**
정거천의 신력에 더러운 각시들과 풍류 소리로 욕심(欲心)을 막으시니

「월인천강지곡」에서는 태자의 출가 발심을 선심(善心)으로, 정반왕의
출가를 막으려는 세상 풍류를 욕심(欲心)으로 정리하였다. 발심을 선심
으로 한 것도 멋지고 선심의 반대를 악심(惡心)으로 쓰지 않고 욕심으로
선택한 것도 정곡을 찌른 표현이다. 세상의 즐거움을 추구하는 것이 어찌
선심의 반대라고 악심이 될 수 있으랴.

석보상절,
훈민정음 조선 대장경의 길을 열다

태자의 출가를 막기 위한 정반왕의 필사적 노력

太子ㅣ ᄌᆞ조 王ᄭᅴ 出家ᄒᆞ야지이다 ᄉᆞᆲ거시늘

王이 니ᄅᆞ샤ᄃᆡ 네 당다이 轉輪聖王이 ᄃᆞ외야 七寶千子 가져 四天下
ᄅᆞᆯ 다ᄉᆞ리리어늘 엇뎨 마리 갓고ᄆᆞᆯ 즐기ᄂᆞᆫ다

太子ㅣ 對答ᄒᆞ샤ᄃᆡ 正覺을 일워 大千世界ᄅᆞᆯ<釋詳3:23ㄴ> 다 ᄀᆞᄉᆞᆷ아
라 四生ᄋᆞᆯ 濟渡ᄒᆞ야 긴 바ᄆᆞᆯ 여희여 나긔 호려 ᄒᆞ노니 七寶 四天下ᄅᆞᆯ
즐기디 아니ᄒᆞ노이다

四生ᄋᆞᆫ 네 가짓 나ᄂᆞᆫ 거시니 즌 ᄃᆡ셔 나ᄂᆞᆫ 것과 翻生ᄒᆞ야 나ᄂᆞᆫ
것과 알 ᄢᅡ 나ᄂᆞᆫ 것과 ᄇᆡ야 나ᄂᆞᆫ 것괘니 一切 衆生ᄋᆞᆯ 다 니ᄅᆞᄂᆞ니라 翻生ᄋᆞᆫ 고텨 ᄃᆞ외야 날 ᄡᅵ라
긴 바ᄆᆞᆫ 衆生이 미혹ᄒᆞ야 時常 바ᄆᆡ 잇ᄂᆞᆫ ᄃᆞᆺᄒᆞᆯᄊᆡ 긴 바ᄆᆡ라 ᄒᆞ니라

王이 풍류ᄒᆞᇙ 사ᄅᆞᆷ 더ᄒᆞ야 밤낫<釋詳3:24ㄱ> 달애더시니

———

태자가 자주 왕께 '출가하고 싶습니다.' 라고 사뢰거늘 왕이 말씀하
셨다.

"네가 마땅히 전륜성왕이 되어 칠보천자를 가지고 사천하를 다스려
야 할 것이거늘 어찌 머리 깎고 중이 되는 것을 즐기느냐."

태자가 대답하였다.

"정각을 이루어 대천세계를 모두 주관하여 사생을 제도하고 긴 밤을 여
의어 벗어나게 하려고 하오니 칠보 사천하를 즐기지 않는 것입니다."

사생(四生)은 네 가지로 태어나는 것이니 축축하고 진 곳에서 나는 것과
번생(翻生)하여 나는 것, 알을 까서 나는 것, 배어서 나는 것이니 일체 중생

을 다 이르는 것이다. 번생은 고쳐 되어 나는 것이다. 긴 밤은 중생이 미혹
하여 항상 밤에 있는 것과 같으므로 긴 밤이라 하는 것이다.

왕이 풍류하는 사람을 더 보태어 밤낮으로 달래셨다.

여기서 사생은 '습생(濕生), 화생(化生), 난생(卵生), 태생(胎生)'을 말
한다. 화생을 번생이라 하였는데 천계나 지옥의 중생과 같이 과거 자신의
업력에 의해 생기는 것을 의미한다.

무엇보다 중생의 미혹을 길고 긴 깜깜한 한밤중을 헤매는 것으로 비유
하고 있다. 지금은 '칠흑' 같은 어둠이나 불빛 하나 없는 장소를 찾는 것
이 더욱 어려운 빛 공해 속에 살고 있지만 나는 몇 번의 경험이 있다. 30
여 년 전 1990년 인도 시골 깜깜한 쿠시나가라의 부처님 열반지를 찾아갔
는데 버스에서 내려 가로등 하나 없어 막막했을 때, 아주 어린 시절 등잔
불이 전부인 할아버지 댁에 가면 저녁밥 먹기 무섭게 등잔불의 기름을 아
낀다고 억지로 자야만 했을 때가 그렇다. 그 막막함과 답답함을 중생의
미혹에 비유하는 것이라면 어느 정도 내 깜냥만큼 이해가 되기도 한다.

그들을 제도하겠다는 원대한 포부를 품은 아들에게 아버지 정반왕은
세간의 즐거움을 물질적으로 보태는 것밖에 할 일이 없었다. 목마른 이에
게 사탕을 퍼붓는 일.

其四十八
七寶千子로 四天下 다ᄉᆞ료미 아바님 ᄠᅳ디시니
正覺ᄋᆞᆯ 일워 大千世界 볼교미 아ᄃᆞᆯ님 ᄠᅳ디시니<월인18ㄱ>

석보상절,
훈민정음 조선 대장경의 길을 열다

—–––

사십팔장
칠보천자(七寶千子)로 사천하를 다스리는 것이 아버님 뜻이시니
정각을 이루어 대천세계를 밝히는 것이 아드님 뜻이시니

칠보천자는 전륜성왕이 갖춘 칠보와 천명의 아들이다. 정반왕은 아들이 부처가 되기보다 전륜성왕이 되어 동서남북 네 천하를 다스리기를 바라건만 아들은 바른 깨달음을 얻어 그보다 더 큰 우주의 중생들을 깜깜한 한밤중에서 건져내겠다는 서원을 하고 있다.

21세기 80억 가까운 인간이 살고 있지만 이보다 더 큰 포부를 가진 사람이 있을까. 그 옛날에 이 위대한 사람이 태어나지 않았다면 지금 우리는 어떻게 살고 있을까. 나로서는 차마 생각조차 닿지 못할 꿈이지만 이 글을 쓰며 한 사람이라도 아니 나 자신부터 자리(自利)로 남도 이롭게 하는 이타(利他)하는 삶을 살아야겠다는 마음을 내게 되는 것이다.

○

싯달타 태자, 출가 일주일 전후와 '곡두'의 의미

●

출가에 관련하여 세 번째 이야기를 쓰고 있다. 이제 드디어 출가를 하는 날이 다가왔다. '출가(出家)'는 그야말로 '집을 떠나는 일'이다. 우리가 흔히 말하는 가출(家出)과도 비슷한데 불교에서는 '번뇌에 얽매인 세속의 인연을 버리고 수행 생활에 들어간다.'는 뜻이다. 우바새, 우바이처럼 세간의 불자인 '재가(在家)'의 대립어이다.

인간은 누구나 언젠가 집을 떠난다. 나야말로 초등학교 5학년 때부터 가출하고 싶었다. 네 명의 동생들을 건사하고 화가인 아버지가 그림을 그리는 동안은 숨도 못 쉬는 집안에서 자란 나는 정말 혼자이고 싶었다. 게다가 당시 집이 서울에 있다는 것은 우리 일곱 식구만 살 때가 별로 없다는 것과 동의어였다. 지방에 사는 일가친척이 일이 있거나 일을 하러 서울에 오면 당연히 늘 우리 집에서 잠자고 같이 살았다. 다들 가난했지만 사람 사는 것 같고 정이 넘쳤다고 추억에 잠기지만 그땐 가출을 꿈꾸었다.

그러던 내가 정식으로 집을 나간 것은 동생들이 다 출가를 하고 난 뒤 남들보다 한 10년 늦게 결혼이라는 걸 하고서였다. 인생의 아이러니. 싯달타 태자와는 차원이 다른 나의 불발된 '집 나가는 일'의 추억이다. 여러분은 언제 출가 또는 가출을 마음에 품으셨는지……. 아울러 출세간의 의미로 풀었던 출가의 의미도 되새겨 보시기 바란다.

태자 출가 일주일 전

相師ㅣ王섹 술ᄫ오디 이제 出家 아니ᄒ샤 닐웨 디나면 轉輪 王位 自然히 오시리이다 王이 깃그샤 四兵을 돌어 안팟ᄀ로 막ᄌᆞᄅ더시다

－－－

상사(相師)가 왕께 사뢰었다.
"이제까지 출가하지 않으셔서 이레가 지나면 전륜왕위로 자연히 오르실 것입니다."
왕이 기뻐하시며 사병을 둘러 안팎으로 막으셨다.

관상가가 아버지 정반왕께 사뢰었다. '일주일만 지나면 전륜왕의 왕위에 오르십니다.' 그날은 이월 초하루. 결사적으로 출가를 막은 보람이 있어 앞으로 이레 동안만 태자를 잘 지키면 되는 상황이다. 정반왕은 그 옛

날 네 가지 군대인 사병(四兵) 곧 코끼리 부대[象兵], 기마 부대[馬兵], 수레 부대[車兵], 걷는 부대[步兵]를 시켜 성문을 안팎으로 겹겹이 굳게 막아 지키게 했다. '돌어'는 '둘러'로 번역하였다. 사병으로 성곽을 둘러싸서 안팎으로 출가를 막았다는 뜻이다. '둘어'의 오각일지도 모르겠다. 「석보상절」, 「월인석보」에서 '衛護는 둘어 더브러서 護持홀씨라〈釋詳9:40s〉, 須彌山 밧긔 닐굽 山이 둘어 잇ᄂᆞ니〈月釋1:23ㄴ〉'라는 예를 찾을 수 있는데, '돌어'의 활용례를 찾을 수 없기 때문이다.

婇女둘히 太子끠 드ᅀᆞᆸ바 온 가짓 呈才ᄒᆞ야 웃이ᅀᆞᆸ며 갓갓 고ᄫᆞᆫ 양ᄒᆞ야 뵈ᅀᆞᆸ거늘

太子ㅣ 호낫 欲心도〈釋詳3:24ㄴ〉 내ᅘᅧ디 아니터시니

欲心ᄋᆞᆫ 貪欲앳 ᄆᆞᅀᆞ미라

ᄒᆞᆫ 婇女ㅣ 末利花鬘ᄋᆞᆯ 가져 드러 太子ㅅ 모기 미ᅀᆞᆸ바ᄂᆞᆯ

末利ᄂᆞᆫ 누른 비치라 혼 ᄠᅳ디라

太子ㅣ 곰죽도 아니ᄒᆞ야 보신대 그 각시 도로 글어 밧긔 내야 더디니라

－ － －

채녀들은 태자께 들어와 온갖 춤과 노래로 정재(呈才)를 하며 태자를 웃게 하며 갖가지 고운 모습을 지어 보이거늘 태자는 아무 욕심도 일으키지 않으셨다.

욕심은 탐욕의 마음이다.

한 채녀가 말리화만(末利花鬘)을 가지고 들어가 태자의 목에 매어 드리니 태자는 꼼짝도 하지 않고 보고 있으므로 그 각시가 도로 매

석보상절,
훈민정음 조선 대장경의 길을 열다

듭을 끌러 밖에 내던졌다.
말리는 누른 빛이라 하는 뜻이다.

출가 일주일 전 곱고 아름다운 채녀들은 온갖 재능으로 그야말로 최선을 다해 태자를 기쁘게 하려 애를 쓴다. 지금으로 치면 세상을 들썩이게 하는 각 잡힌 칼 군무와 고운 노래로 인기를 한 몸에 받는 걸그룹들 정도가 될 것이다. 그러나 이미 출가 결심을 굳힌 태자에게는 더 이상 그들의 모든 것이 아름답지도 즐겁지도 않은 아무 감정이 생기지 않는 그림자에 불과하다.

한 채녀가 그런 태자에게 향기로운 말리화 꽃목걸이를 목에 매어주며 매력을 뽐내 본다. 말리화만의 '화만(華鬘)'은 영락(瓔珞)이라고도 하는데 꽃을 실에 꿰어 목에 걸거나 머리에 장식하는 것이다. 지금도 인도나 남방에 가면 환영의 인사로 걸어주기도 하고 아가씨들이 머리에 정성스레 장식하고 사원에 가는 모습을 심심치 않게 볼 수 있다.

태자가 그럼에도 미동도 하지 않자 화가 난 그 각시가 그 꽃다발을 다시 풀어 던져버렸다고 한다. 아마도 채녀들 중 가장 아름다운 아가씨였을 것이다. 세상에서 그녀가 매력을 뽐내면 어느 누구라도 매혹되지 않는 이가 없었으리라. 그러나 아무나 할 수 없었을 태자에게 건넨 화만, 그것을 다시 내던진 그녀의 태도는 당차다 못해 목숨을 각오한 일이 아니었을까 싶다.

내가 채녀였다면 어떠하였을까. 나는 나의 일을 정말 최선을 다하여 열심히 하였는데 보람은커녕 무시를 당한 것이다. 종종 인생에도 이런 일이 생기곤 한다. 나로서는 정말 하느라고 했는데 시절 인연이 맞지 않아서 너무 앞서거나 한 발 늦어서 어느 날 애써 만든 말리화만을 내던지고 싶은 때가 생기는 것이다. 대부분 용기 없어 꾹 참고 살지만 말이다. 그러므로 나는 이 채녀각시에게 흔쾌히 한 표.

其四十九
각시 꾀노라 눚 고뷔 빗여 드라 末利花鬘올 몸애 미ᅀᆞᄫᅡ나
太子ㅅ 德 구드실씨 눈 쌜아 보신대 末利花鬘올 도로 내야 ᄇᆞ리니
<월인18ㄴ>
ㅡ ㅡ ㅡ
사십구장
각시가 꾀려고 얼굴 곱게 꾸며 들어가 말리화만을 태자 몸에 매어 드렸건만
태자의 덕(德)이 굳으시므로 눈 깜짝하지 않고 바라보시니
채녀각시 말리화만을 도로 내다 버리니

「월인천강지곡」은 위와 같이 노래한다.

채녀 각시 태자의 마음에 들려고 예쁘게 단장하고 고운 모습으로 말리꽃 화환을 걸어 드려도 목석처럼 눈 하나 깜짝이지 않고 그저 바라보시니 그 아가씨 말리화만 내다 버리네.

석보상절,
훈민정음 조선 대장경의 길을 열다

태자 출가의 날

二月 初 닐웻 낤 바미

門 밧긔 나ᄒ 니시던 힛 二月이라

太子ㅣ 出家ᄒ실 時節이<釋詳3:25ㄱ> 다ᄃᆞᆫ고 ᄌᆞ개 너기샤ᄃᆡ 나라 니

슬 아ᄃᆞᄅᆞᆯ ᄒ마 비여 아바닚 願 일우과라 ᄒ시고 사ᄅᆞᆷ 몯 보게 放光ᄒ

샤 四天王과 淨居天에 니르리 비취시니

諸天이 ᄂᆞ려와 禮數ᄒᆞᇦ고 슬ᄫᅩ디 無量劫으로셔 ᄒᆞ산 修行이 이제 와

닉거시이다

太子ㅣ 니ᄅᆞ샤ᄃᆡ 너희 마리사<釋詳3:25ㄴ> 올타커니와 안팟긔 막ᄌᆞᄅᆞᆯ

씨 몯 나가노라

諸天의 히ᄆᆞ로 사ᄅᆞᆷᄃᆞᆯ히 다 ᄌᆞ올의 ᄒ니

― ― ―

이월 초이렛날 밤에 태자가 출가하실 시절이 다다르자 스스로 생각
하셨다.

성문 밖에 나가 다니시던 해 이월이다.

'나라 이을 아들을 장차 배게 하여 아버님의 원을 이루었다.'

하시고 사람이 보지 못하게 방광을 놓아 사천왕과 정거천에 이르기
까지 비추시니 제천이 내려와 예경하옵고 사뢰었다.

"무량겁부터 하신 수행이 이제 와 익었습니다."

태자가 말씀하셨다.

"너희 말이야말로 옳타커니와, 성 안팎에서 나를 막고 있기 때문에

나가지 못하노라."
제천의 힘으로 사람들이 모두 졸게 하였다.

싯달타 태자의 출가일은 2월 7일과 4월 7일 두 가지 설이 있는데 「석보상절」에서는 2월 7일설을 따르고 있다. 『수행본기경』에서는 태자가 19세가 되던 해 4월 7일에 출가하였다고 한다.

출가하는 날 후사를 이을 아들을 태어나게 하였음을 재차 확인하고 아버지 정반왕의 소원을 이루어 드렸다고 거듭 말한다. 이렇게 만반의 준비를 하고 방광을 하니 하늘의 여러 신들이 내려와 출가를 돕는다.

其五十

出家호려 ㅎ시니 하눐해 放光ㅎ샤 諸天神이 ᄂᆞ려오니이다

出家ㅎ싫 때실씨 城 안홀 재요리라 烏蘇慢이 쏘 오니이다

———

오십장

출가하려 하시니 하늘에 방광(放光)하시어 제천신(諸天神)이 내려옵니다.

출가하실 때이므로 성(城) 안을 잠들게 재우려고 오소만(烏蘇慢)이 또 옵니다.

「월인천강지곡」은 성 안의 사람들을 잠들게 하려고 '오소만'이라는 졸음의 신령을 등장시킨다. 구반다(鳩槃茶)라고 부르는데 가위눌리게 하

석보상절,
훈민정음 조선 대장경의 길을 열다

는 신이라고 한다. 졸음의 신도 흥미로운데 가위눌리게 하는 신이라니 신기하다.

채녀들은 허공꽃 꼭두각시

변조리던 각시둘히 다리 드러 내오 손 발 펴ᄇᆞ리고 주근 것 ᄀᆞ티 그우드러 이셔 곳구무 데군케 드위혀고 밑 ᄂᆞ르리 몯 ᄀᆞ초아셔 자며 고 춤 흘리고 오좀 ᄡᆞ니 ᄂᆞ르리 ᄡᅥ며 고 고ᄋᆞ고 니 골오 븬 입 십고 방긔 ᄂᆞ르리 ᄒᆞ며 <釋詳3:26ㄱ> 풍륫갓들 븓안고 ᄭᅳ라디옛거늘 그제 촛브리 ᄣᅵ둧 볼가 잇더니

太子ㅣ 보시고 너기샤디 겨지븨 양ᄌᆡ 이러ᄒᆞᆫ 거시로다 粉과 燕脂와 瓔珞과 옷과 花鬘과 곳과 붊쇠로 ᄭᅮ몟거든 사오나ᄫᆞᆫ 사ᄅᆞ미 몰라 소가 貪ᄒᆞᆫ ᄆᆞᅀᆞᄆᆞᆯ 내ᄂᆞ니 智慧르ᄫᆡᆫ 사ᄅᆞ미 正히 술펴 보면 겨지븨 모미 꿈 ᄀᆞᆮᄒᆞ며 <釋詳3:26ㄴ> 곡도 ᄀᆞᆮᄒᆞ도다

— — —

변조리던 아름답게 꾸민 각시들이 다리를 드러내고 손발을 펴 버린 채 죽은 것같이 가로 세로 누워 있다. 콧구멍은 떼꾼하게 움푹 뚫린 채 치켜져 있고 아랫도리를 감추지 못하고 자며 코와 침을 흘리고 오줌 똥까지 싸며 코를 골고 빈 입을 씹는 시늉을 한다. 방귀를 뀌고 풍류하는 악기들을 부둥켜안고 깔려 있거늘 그때까지 촛불이 쐬듯이 밝게 비춰고 있으니 태자가 보시고 이렇게 여기셨다.

| 변조리던 각시들의 잠든 모습 '유성출가' 장면 중에서 |

석보상절,
훈민정음 조선 대장경의 길을 열다

'여자의 모습이 이러한 것이로다. 분과 연지, 영락, 옷, 화만, 뒤꽂이, 팔찌로 꾸미고 있을 때는 보기 사나운 사람인 줄 모르고 속아 탐하는 마음을 내게 되니 지혜로운 사람이 정히 살펴 보면 여자의 몸이 꿈 같으며 꼭두각시 같도다.'

인간의 실상을 목도하는 장면이다. '변조리다'는 고어사전에 의미를 정확히 알 수 없다고 되어 있어 앞뒤 문맥과 아름답게 단장한 채녀들임을 감안하여 해석하였다. '떼꾼하다'는 쑥 들어가고 생기가 없다는 뜻인데 보통 '눈이 떼꾼하다'고 쓰인다. 여기서 콧구멍이 떼꾼하다는 것은 누운 자세에서 콧구멍이 들린 채로 움푹하게 뚫린 모습을 묘사한 것으로 보았다. '오줌 똥'의 똥은 '찌'로 나와 있는데 '아끼다가 찌로 간다'는 속담의 '찌'로 해석하였다.

그밖에도 이제는 정확한 뜻을 모르게 된 우리 옛 표현들이 대방출된 이 단락을 나는 「석보상절」 3권의 백미로 꼽는다. 특히 '빈 입 씹다' 같은 표현은 잠꼬대하듯이 또는 아기들이 자면서 젖 먹는 시늉을 하는 모습이 연상되지 않는가. '뒤꽂이'로 번역한 것은 '곶'인데 꽂는 것을 의미한다. 비녀와 같은 꼬챙이로 머리를 장식하는 장신구로 보았다. 그리하여 비녀를 포함한 머리 여기저기를 장식하는 '뒤꽂이'라 번역하였다. 결과적으로 아름다운 여인들의 이면을 구체적으로 묘사하여 적나라한 추한 몰골을 형용하고 있지만 그래서 어쩌면 더욱 인간적이고 살아있는 표현이 많아 마음에 드는 것이다.

무엇보다 아름다운 여인들의 허상을 깨고 본래면목을 통찰하면서 '꿈

같고 꼭두각시 같구나'라고 갈파한 구절은 두고두고 곱씹을 만하다. 「석보상절」 원문에는 '곡도'라고 하였는데 '환(幻), 허공꽃, 허깨비, 눈앞에 없는 것이 있는 것처럼 보이는 것'이다. 이러한 '곡두'에 '각시'를 붙여 '꼭두각시'가 된 것이 아닐까 짐작해 본다.

다음에는 사천왕과 그 권속, 그리고 태자의 마부 차닉이와 애마 건특이가 등장하여 성을 넘어 출가하는 '유성출가(逾城出家)'의 장엄한 장면이 그려진다.

석보상절,
훈민정음 조선 대장경의 길을 열다

○

싯달타 태자, 출가하는 날 하늘의 장엄

●

오소만이라는 잠의 신이 아름다운 채녀들을 잠들게 한 뒤 보이는 추하고 적나라한 모습을 목도한 태자는 아름다움이 환영이나 환상에 불과한 꿈같이 덧없는 것이라 갈파한다. 그리고 출가를 실행한다. 그때 이미 태자의 출가를 알고 내려온 여러 천신들이 그를 호위하며 장엄하는 모습이 스펙타클한 영화를 보는 느낌이다.

정거천과 태자의 출가 선언

그제 淨居天이 虛空애 와 太子ᄭᅴ 슬ᄫᅩ디 가사이다 時節이어이다 오래

世間애 즐거 겨샤미 몯ᄒ리니 오ᄂᆞᆳ날 一切 諸天이 願ᄒᅀᆞ보디 出家ᄒ
샤 聖人ㅅ 道理 비호시과뎌여 ᄒᄂ이다
그저긔 太子ㅣ 니러나싫 저긔 안자 겨시던<釋詳3:27ㄱ> 寶牀ᄋᆞᆯ 도라
보시고 니르샤디

寶牀ᄋᆞᆫ 보빅옛 平牀이라

이 내 ᄆᆞᆺ 後에 五欲 타난 ᄯᅡ히라 오ᄂᆞᆳ날 後로 다시 타나디 아니호리라
ᄒ시고 太子ㅣ 올ᄒᆞᆫ 소ᄂᆞ로 七寶帳 드르시고 ᄌᆞᄂᆞᆨᄌᆞᄂᆞᆨ기 거러 나샤
東녁 도라셔샤 合掌ᄒ샤 一切 諸佛 念ᄒ시고 울워러 虛空과 벼를<釋
詳3:27ㄴ> 보더시니

－－－

그때 정거천이 허공에 와서 태자께 사뢰었다.
"가사이다. 시절이어이다. 세간에 오래 즐거이 계시지 못하시리니
오늘날 일체 제천이 원하옵건대 출가하시어 성인의 도리를 배우시
기를 바라나이다."
그때 태자께서 일어나실 적에 앉아 계시던 보배로 만든 평상[寶牀]을
돌아보시고 말씀하셨다.
"이것이 내가 맨 마지막에 오욕(五欲)을 타고 태어난 곳이다. 오늘날
이후로 다시는 태어나지 아니하리라."
태자가 오른손으로 칠보로 된 휘장[七寶帳]을 쳐들고 천천히 걸어
나오셔서 동쪽으로 돌아서서 합장하시며 일체 제불을 염불하시고
우러러 허공과 별을 바라보셨다.

석보상절,
훈민정음 조선 대장경의 길을 열다

생로병사의 실상에 대해 자신이 배우가 되어 '사문유관'을 진두지휘한 정거천이 태자에게 드디어 출가할 시간이 왔다고 알리는 장면이다. 그 말투가 지극히 곡진하여 15세기 화법을 최대한 살렸다. '가시지요. 출가할 시간입니다'보다 '가사이다. 시절이어이다'라는 격조 높은 선조의 말을 되살리고 싶었다.

태자의 결연한 모습도 정말 실감난다. 태자의 자리인 보배로 장엄한 보상에서 일어나 다시는 윤회하지 않겠다고 선언하는 장면이다. 세간의 부귀영화의 상징인 일곱 가지 보배로 꾸민 장막을 거두고 나와 일체 제불을 염송하며 합장한 채 하늘과 별을 바라보며 다시금 서원하는 장면이 경건하다.

사천왕과 도리천 제석의 호위 모습

持國天王이 乾闥婆돌 一切 眷屬 드리고 풍류ㅎ야 東方ㅇ로셔 와 東녁 겨틔 合掌ㅎ야 셔며
持國天王이 乾闥婆룰 ᄀ솜아ᄂ니라

— — —

지국천왕(持國天王)이 건달바들 일체 권속 데리고 풍류하여 동방에서 와 동쪽 옆에 합장하여 섰다.
지국천왕은 건달바를 거느린다.

수미산 중턱에 있는 욕계육천의 네 하늘 중 동방을 관장하는 지국천왕

| 건달바 – 쌍각사 신중탱(1775) 중 |

은 선한 자에게 상을 내리고 악한 자에게 벌을 주어 항상 인간을 고루 보
살피며 국토를 수호하겠다는 서원을 세웠다. 건달바를 협시로 거느리며
그가 주관하는 일체 무리를 데리고 태자의 동쪽 곁에 늘어섰다. 건달바는
'건달'의 어원이 되는 말로 음악의 신이다. 권속은 parivāra의 의역으로
'뜻을 같이 하는 자 · 시중드는 자 · 따르는 자 · 종속되어 있는 자'를 뜻한
다. 일반적으로 가족을 의미한다.

增長天王이 鳩槃茶돌 一切 眷屬 드리고 寶瓶에 香湯 다마〈釋詳3:28ㄱ〉
잡고 南方ㅇ로셔 와 南녁 겨틔 合掌ㅎ야 셔며
鳩槃茶ᄂᆞᆫ 독 양지라 혼 마리니 增長天王이 ᄀᆞᅀᆞᆷ아ᄂᆞ니라
香湯ᄋᆞᆫ 香 글휸 므리라

석보상절,
훈민정음 조선 대장경의 길을 열다

증장천왕(增長天王)이 구반다(鳩槃荼)들 일체 권속을 데리고 보병(寶瓶)에 향수(香湯) 담아 잡고 남방에서 와 남쪽 곁에 합장하여 섰다.

구반다(鳩槃荼)는 독(毒)의 모습이라고 하는 말이니 증장천왕이 거느린다. 향탕(香湯)은 향을 끓인 물이다.

남쪽의 사천왕인 증장천왕은 중생의 이익을 넓고 길게 만드는 천왕이라는 뜻으로 불법(佛法)을 보호하면서 만물을 소생시킨다. 특히 증장천왕의 오른팔 구반다는 지난 번 궁궐 내 모두를 잠들게 했던 오소만의 다른이름이다. 사람의 정기를 먹는다는 신으로 말 머리에 사람 몸의 형상을하고 있다.

廣目天王이 龍王들 一切 眷屬 드리고 種種 구슬 가지고 西方ᄋ로셔
와 西ㅅ녁 겨틔 合掌ᄒ야 셔며
廣目天王이 龍王을 ᄀᆞᆷ아ᄂᆞ니라

— — —

광목천왕(廣目天王)이 용왕(龍王)들 일체 권속 데리고 여러 구슬 가지고 서방에서 와 서쪽 옆에 합장하여 섰다.

광목천왕이 용왕을 거느린다.

서쪽을 관장하는 광목천왕은 눈을 부릅뜨고 그 위엄으로 불법(佛法)을보호한다고 한다. 용을 호위무사로 거느린다.

| 용 – 송광사 신중탱(1820) 중 전체 | | 용 – 송광사 신중탱(1820) 중 확대 |

多聞天王이 夜叉돌 一切 眷屬 ᄃᆞ리고<釋詳3:28ㄴ> 火珠와 燈쵸 잡고
甲 닙고 北方ᄋᆞ로셔 와 北녁 겨틔 合掌ᄒᆞ야 셔며

火珠는 블 구스리니 블ᄀᆞ티 붉ᄂᆞ니라

多聞天王이 夜叉를 ᄀᆞ슴아ᄂᆞ니라

ㅡ ㅡ ㅡ

**다문천왕(多聞天王)이 야차(夜叉)들 일체 권속 데리고 불구슬(火珠)과
등촉(燈燭)을 잡고 갑옷 입고 북방에서 와 북쪽 곁에 합장하여 섰다.**

화주(火珠)는 불 구슬이니 불같이 밝은 것이다. 다문천왕이 야차를 거느
린다.

석보상절,
훈민정음 조선 대장경의 길을 열다

| 야차 - 남지장사 삼장탱(1789) 중 |　　　 | 약시 야차 여성형 - 기원전 2세기 캘커타 인도박물관 |

　　북쪽을 지키는 다문천왕은 비사문천왕(毘沙門天王)이라고도 하는 데 항상 부처님의 도량을 지키면서 부처님의 설법을 듣는다 하여 다문이라고 한다. 권속을 대표하는 야차는 산스크리트 약샤(Yakṣa)에서 나온 말로 여성은 약시(Yakṣī)인데 우리가 알고 있는 무섭고 사람을 잡아먹는 귀신이 아니라 불법을 수호하는 신으로 등장한다. 특히 약시는 아름다운 여성으로 산치 대탑에 부조되어 있어 놀라웠다. 신들의 변천 과정을 이 기회에 공부해 보는 것도 좋겠다. 「월인천강지곡」은 사천왕의 호위와 장엄을 이렇게 노래하고 있다.

其五十一

粉과 燕脂와 고즈로 비슨 각시<월인19ㄱ> 世間ㅅ 風流를 들이ᄉᆞᆸ더니

寶甁과 火珠와 沸星이 비췰 날애 하ᄂᆞᆳ 風流ㅣ 엇더ᄒᆞ시니

오십일장

분과 연지와 꽃으로 꾸민 각시 세간의 풍류를 태자께 보여드리니

보배병과 불구슬(火珠), 불성이 비췰 출가 날에 하늘의 풍류 어떠하

시리

釋提桓因이 諸天돌 一切 眷屬 드리고 花鬘瓔珞과 幢幡寶蓋 잡고 忉利

天ᄋᆞ로셔 <釋詳3:29ㄱ> 와 虛空애 合掌ᄒᆞ야 셔니라

석보상절,
훈민정음 조선 대장경의 길을 열다

| 산치대탑의 약시(여성) |

釋提桓因은 帝釋이라

寶蓋는 보비옛 蓋라

───

석제환인(釋提桓因)이 제천(諸天)들 일체 권속 데리고 화만영락(花鬘瓔珞)과 당번보개(幢幡寶蓋) 잡고 도리천에서 와 허공에 합장하여 섰다.

석제환인은 제석(帝釋)이다. 보개(寶蓋)는 보배로 된 개(蓋)이다.

석제환인은 제석천을 의미하며 도리천의 왕이다. 그러니까 수미산 중턱의 사왕천과 꼭대기의 도리천에 사는 제석이 33천의 천신들을 거느리고 태자 출가에 호위무사로 등장한 것이다.

마치 『삼국유사』의 탑상편에 나오는 중앙과 동서남북 사방의 오대산 오만진신이 나투는 모습이 연상된다. 웅장하고 장엄한 모습이 눈에 그려지는 듯하다.

마부 차닉이와 애마 건척이

그저긔 沸星이 도다 둘와 어울어늘 諸天돌히 미븨 닐오디 沸星이 ᄒᆞ마 어우니 이제 時節이니 ᄲᆞᆯ리 나쇼셔 다시곰 숣더라
그제 烏蘇慢이 와 이실ᄊᆡ 城 안햇 사ᄅᆞ미며 孔雀이며 새돌 니르리<釋詳3:29ㄴ> ᄀᆞ장 ᄀᆞᆺ가 자더라
烏蘇慢ᄋᆞᆫ 굽누르다 혼 ᄠᅳ디니 이 鳩槃茶ㅣ니 ᄌᆞ오롬 神靈이라

― ― ―

그때 불성(沸星)이 돋아 달과 합해지거늘 제천들이 매우 크게 말하였다.
"불성(沸星)이 이미 합하였으니 이제 출가할 시간입니다. 빨리 나오십시오." 다시 사뢰었다.
그때 오소만(烏蘇慢)이 와 있어 성 안의 사람들이며 공작이며 새들까지 매우 피곤해 하며 자고 있었다.

석보상절,
훈민정음 조선 대장경의 길을 열다

오소만은 가위누르다 하는 뜻이니 이것은 구반다(鳩槃荼)인데 졸음의 신령이다.

불성은 상서로운 별로 이십팔수(二十八宿) 가운데 귀수(鬼宿)라고 한다. 여래가 성도와 출가를 모두 이월 팔일 귀수가 어우러질 때에 하므로 복덕이 있는 별이다.

여기서 다시 구반다가 오소만이라는 졸음의 신령으로 나온다. 지난 이야기에 채녀들을 잠들게 해 흐트러진 모습을 목도하게 된 태자가 출가결심을 굳히는 장면이 나왔는데 사람뿐 아니라 공작과 새들까지 잠들게 했다는 것이다. 모든 유정들을 잠들게 하는 신이 오소만이다. 불면증이 있다면 오소만을 염해 봐도 좋을 것 같다. 잠이 오게 하는 신이라니 잠자는 숲속의 공주가 연상되는 동화 같은 이야기가 재미있다.

太子ㅣ 車匿이 브르샤 健陟이 기르마 지허 오라 ᄒ시니
그저긔 ᄆᆞᆯ도 울오 車匿이도 울어늘
車匿ᄋᆞᆫ 죠ᄋᆡ 일후미니 太子와 ᄒᆞᆫ 날 나니라
太子ㅣ 다 우디 말라 ᄒ시고 放光ᄒ샤 十方ᄋᆞᆯ 다 비취시고 獅子 목소리로 니ᄅᆞ샤ᄃᆡ 아랫 부텨 出家ᄒᆞ샴도 이리 ᄒ시니라<釋詳3:30ㄱ>
太子ㅣ ᄆᆞᆯ 타 나시니 諸天이 ᄆᆞᆯ 발 받고 車匿이 조쳐 자ᄇᆞ며 蓋 받고 梵王ᄋᆞᆫ 윈녁 겨틔 셔ᅀᆞᆸ고 帝釋은 올ᄒᆞᆫ녁 겨틔 셔ᅀᆞᆸ고 四天王이 侍衛ᄒᆞᅀᆞᄫᅡ 虛空ᄋᆞ로 城 나마 나시니라
太子ㅣ 니ᄅᆞ샤ᄃᆡ 菩提ᄅᆞᆯ 몯 일우면 아니 도라오리라

諸天이 닐오디 <釋詳3:30ㄴ> 됴ᄒ실쎠 ᄒ더라

ー ー ー

태자께서 마부 차닉(車匿)이를 부르시고 말 건척(健陟)이 안장을 지
어 오라 하시니 그때 말도 울고 차닉이도 울었다.

차닉은 종의 이름이니 싯달타 태자와 같은 날에 태어났다.

태자께서 다 울지 말라 하시고 방광하셔서 시방을 다 비춰시고 사자
의 목소리로 말씀하셨다.

"과거의 부처께서 출가하심도 이와 같이 하셨느니라."

태자가 말 타고 나가시니 제천이 말의 발을 받치고 차닉이 따라서 잡
으며 개(蓋) 받치고 범왕은 왼쪽에 서시고 제석은 오른쪽 옆에 서시
고 사천왕이 호위(侍衛)하여 허공으로 성 넘어 나가셨다.

태자께서 말씀하셨다.

"보리(菩提)를 이루지 못하면 돌아오지 않으리라."

제천이 말하였다.

'훌륭하십니다' 하였다.

　세간의 이별 장면이다. 태자와 같은 날 태어나 동고동락하던 마부 차
닉이를 부르니 준마 건척이도 슬퍼하며 따라 울었다는 이야기. 웬지 나
도 그 자리에서 그 장면을 지켜보는 것처럼 울컥해진다. 과거의 부처께서
도 이와 같이 출가하셨다는 사자후를 하고 말을 탔는데 제천이 '말의 발
을 받치다(捧擧馬足)'라고 나와 있다. 왜 말의 발을 받쳤을까 궁금했는데
『불설태자서응본기경』에 보면 잠든 사람들이 깰까 봐서였다(念開門當有

석보상절,
훈민정음 조선 대장경의 길을 열다

| 성을 넘어 출가하는 장면(유성출가)의 마부 차닉과 애마 건척 |

聲 天王維睒 久知其意). 한문 경전 대조의 중요성이다.

그렇게 범천과 제석천은 좌우 협시를 하고 사천왕이 호위하며 성문을 열지 않고 공중으로 성을 넘어 출가하셨다. 팔상도의 세 번째 그림 '유성출가(逾城出家)'의 장면을 그리면 되겠다.

그리고 나서 또 한 번의 사자후. '보리를 얻지 못하면 돌아오지 않으리라.' 그야말로 금강같이 굳은 서원에 제천이 찬탄하였다. 『석가씨보』에는 이 장면이 더욱 상세한데 '팔고를 끊지 못하고 법륜을 굴리지 못하고 보리를 이루지 못하면 돌아오지 않으리라(不斷八苦 不轉法輪 不成菩提 要不還 此天讚 善哉).'라고 하였다. 이것이 조어장부의 기개이다. 「월인천강지곡」은 이렇게 노래하고 있다.

其五十二
죵과 물와롤 현맨둘 알리오 어느 누를 더브르시려뇨
車匿이 蹇特이는 훈 날애 나ᅀᆞ 볼씨 이 둘흘ᅀᅡ 더브르시니<월인19ㄴ>

其五十三
디나건 無量劫에 修行이 니그실씨 몯 일우읋갓 疑心이 업스시나
未來옛 衆生둘홀 精進을 뵈시릴씨 아니 오리라 盟誓ᄒᆞ시니이다

其五十四
十方世界 붉고 獅子 聲ㅅ 말ᄒᆞ샤 城을 남아 山을 向ᄒᆞ시니

석보상절,
훈민정음 조선 대장경의 길을 열다

四天王이 뫼숩고 물 발을 諸天이 바다 虛空 투샤 山이 니르르시니
<월인20ㄱ>

— — —

오십이장
마부 차닉과 말 건특이 태자의 뜻을 얼마나 알리오. 어느 누구를 더
불어 가시려뇨.
차닉이와 건특이 태자 나신 한날에 태어나므로 이 둘만을 더불어
가시니

오십삼장
지나간 무량겁에 수행이 익으셨으므로 보리를 못 이룰까 하는 의심
이 없으시나
미래의 중생들에게 정진하는 모습을 보이시려 보리를 이루지 못하
면 아니 오리라 맹서하시니이다.

오십사장
시방세계 밝고 사자의 소리로 말씀하시고 성을 넘어 산으로 향하시니
사천왕이 뫼시고 말의 발을 제천이 받치고 허공을 타고 산에 이르르
시니

열여섯 번째 이야기

○

설산수도, 어찌 수고로운 인연을 닦아
수고로운 과보를 구하는가

●

이제 「석보상절」 제3권 석가모니의 팔상 중에서 '도솔래의, 비람강생, 사문유관, 유성출가'를 거쳐 다섯 번째 '설산수도'에 대하여 읽을 차례이다. 30여 년 전에 인도에 불교 무식자로 처음 발을 디뎠을 때 우연히 부처의 성지를 다니게 되었다. 그때 깨달음을 이루고 교화한 곳이 눈덮인 '설산'과 거리가 먼 마가다국에 속했던 보드가야와 라즈기르라는 것이 놀랍기도 하고 실망스럽기도 하였다. 아니 왜 설산이 없단 말인가. 뼈만 앙상한 라호르박물관의 고행상은 히말라야 얼음산에서 수행하신 것이 아니란 말인가. 오늘 그 '설산'의 의미를 되새겨보는 시간이다.

석보상절,
훈민정음 조선 대장경의 길을 열다

태자가 떠나자 슬픔에 잠긴 구이와 부모님, 백성들

太子ㅣ 아춤 ᄢᅵ예 八百里룰 녀샤 雪山 苦行林에 가시니라

林은 수프리라

이틋나래 俱夷 자다가 니르샤 ᄯᅡ해 디여 우르시며 王과 大愛道와도
슬허 우르시며 나랏 사ᄅᆞ미 다 슬허 두루 얻니ᅀᆞᆸ더라

太子ㅣ 寶冠 瓔珞ᄋᆞᆯ 車匿이 주시고<釋詳3:31ㄱ> 니ᄅᆞ샤ᄃᆡ 네 가아
王ᄭᅴ 술ᄫᅡ라 正覺ᄋᆞᆯ 일우면 도라가리라

車匿이도 울오 ᄆᆞᆯ도 ᄭᅮ러 太子ㅅ 바ᄅᆞᆯ 할ᄊᆞᄫᅥ며 우더라

－－－

태자가 달과 합쳐지는 불성(沸星) 돋을 때 떠나 아침이 되는 사이에
팔백 리를 가서 설산 고행림(苦行林)에 도착하셨다.

림(林)은 숲이다.

이튿날에 구이가 자다가 일어나 땅에 엎드려 우셨다. 정반왕과 대
애도께서도 슬피 우시며 나라의 사람들도 다 슬퍼하며 두루 찾아
다녔다.

태자가 보관과 영락을 차닉이 주시고 말씀하셨다.

"네가 가서 왕께 여쭈어라. 정각을 이루면 돌아갈 것이다."

차닉이도 울고 말도 꿇어앉아 태자의 발을 핥으며 울었다.

정말 눈물 없이 볼 수 없는 장면이다. 정반왕은 태자가 태어난 후 얼마
나 애지중지 키우며 태자의 출가를 막으려고 갖은 노력을 했던가. '삼시

| 고행상 |

궁'과 예쁜 채녀들로 태자를 받들게 하고 온갖 산해진미와 풍류로 태자를 기쁘게 하고자 노심초사했건만 결국은 출가를 결행하였다. 출가 다음날 태자의 부재를 알게 된 가족과 백성들의 비탄에 빠진 모습이다.

태자의 아내 구이는 『불본행집경』에 의하면 온몸을 땅에 내던지고 대성통곡하며 자신의 머리카락을 뽑고 손톱으로 스스로 할퀴며 자해소동을 벌이기까지 한다. 사실 태자는 구이에게 장가들기 위하여 얼마나 많은 출중한 경쟁 상대들과 겨루며 온 힘을 다하여 구이를 맞이하게 되었더란 말인가. 유구한 역사를 자랑하는 남자들의 결혼 전후의 태도 변화는 싯달타 태자에게서 비롯된 것일까.

정반왕과 대애도도 슬픔과 충격이 구이 못지 않았다. 정반왕은 아들을 부르며 기절하여 쓰러졌다(『불본행집경』). 낮이나 밤이나 슬프고 그리운 마음에 목욕재계하고 하늘의 신에게 아들이 돌아오기를 기도하였다고 전한다(『불소행찬』).

대애도는 '아아 내 아들아'를 목놓아 부르며 얼굴 가득 눈물을 흘리며 몸을 부들부들 떨다가 땅에 뒹굴고 흐느꼈다고 한다(『불본행집경』).

바로 눈앞에서 펼쳐지는 듯한 이 구체적인 묘사에 드라마나 영화를 보는 것만 같다. 그동안 살아오면서 이렇게 극적인 장면은 한국전쟁 때 헤어진 '이산가족 찾기'에서밖에 경험하지 못해서인지 너무나 사실적이어서 오히려 비현실적인 느낌이 든다.

태자 손수 삭발하고 가사를 입다

太子ㅣ 왼소ᄂ로 마리를 자ᄇ시고 發願ᄒ샤디 이제 마리를 무져 衆生
들콰로 煩惱를 쓰러 ᄇ료리라 ᄒ시고 손소 무져 虛空애 더뎌시늘 帝
釋이<釋詳3:31ㄴ> 받ᄌᄫ바 忉利天에 가아 塔 일어 供養ᄒᅌᆸ더라

이 塔ᄋᆫ 天上 네 塔앳 ᄒ나히라

太子ㅣ ᄌ갸 오ᄉᆞᆯ 보시니 出家ᄒᆫ 오시 아니어늘

淨居天이 山行ᄒᆳ 사ᄅᆞ미 ᄃ외야 가니 袈裟를 니벳거늘

袈裟ᄂᆞᆫ 픐 일후미니 그 플로 袈裟ㅅ 므를 드릴ᄊᆡ 일훔 지ᄒ니라

獅子ㅣ 袈裟 니븐 사ᄅᆞᄆᆞᆯ 보면 아니 믈ᄊᆡ 山行ᄒ리 袈裟를 닙ᄂᆞ니라

太子ㅣ<釋詳3:32ㄱ> 袞服ᄋ로 밧고아 니ᄇ시고 니ᄅ샤디 이제ᅀᅡ 出
家ᄒᆫ 사ᄅᆞ미 ᄃ외와라

袞服ᄋᆞᆫ 龍 그륜 冠帶옛 오시라

太子ㅣ 도라올 ᄠ디 업스실 ᄊᆡ 車匿이 ᄆᆞᆯ와 ᄒᆞᆫᄢᅴ 울오 도라오니라

ㅡ ㅡ ㅡ

태자가 왼손으로 머리카락을 잡으시고 발원하시되 '이제 머리카락을 잘라 중생들과의 번뇌를 쓸어 버리리라' 하시고 손수 끊어 허공에 던지셨다. 제석이 받잡아 도리천에 가서 탑을 이루어 공양하였다.

이 탑은 천상의 네 탑 중 하나이다.

태자가 자기 옷을 보니 출가한 이의 옷이 아니었다. 정거천이 사냥하는 사람이 되어 지나가니 가사를 입고 있으므로 태자가 곤복(곤룡포)과 가사를 바꾸어 입으시고 말씀하셨다.

"이제야 출가한 사람이 되었도다."

태자가 돌아올 뜻이 없으시므로 차닉이 말과 함께 돌아왔다.

가사는 풀 이름이니 그 풀로 가사의 물을 들이므로 이름을 지은 것이다. 사자가 가사 입은 사람을 보면 물지 않으므로 사냥하는 사람이 가사를 입는다. 곤복은 용을 그린 관대(冠帶)가 있는 옷이다.

태자의 초발심 출가수행자로서 굳은 의지를 볼 수 있는 장면이다. 자신의 머리카락을 손수 끊어내고 왕자의 복식인 곤룡포를 사냥꾼의 가사와 바꿔 입는다. 나도 몇 년 전 월정사 단기출가학교에서 몇 주 동안 행자수련을 한 적이 있었다. 그러나 삭발만큼은 일상복귀에 어려움이 많아 결행하지 못하였다. 한여름이라 매일 전나무 숲길 3보 1배만 하여도 얼마나 덥던지 삭발한 도반들이 그렇게 부러울 수가 없었다. 지금도 그때 삭발 못해 본 것이 아쉽다. 번뇌가 많으면 삭발은 세상 어려운 일이라는 것을 배웠다.

정거천은 여기서도 기다렸다는 듯이 나타나 태자에게 가사를 입힌다. 태자의 인생 요소요소에 나타나는 정거천이 부럽다가 나에게 정거천은 누구일까 생각해 본다. 바로 그 순간 어머니가 떠오른다. 「월인천강지곡」은 이 대목을 이렇게 노래하고 있다.

其五十五
雪山 苦行林애 마리롤 무지시며 煩惱 쓰러 ᄇ료려 ᄒ시니
寶冠瓔珞ᄋᆞᆯ 車匿이 주시며 正覺 일워 도라가려 ᄒ시니〈월인20ㄴ〉

其五十六
耶輸ㅣ 울어신마론 帝釋은 ᄠᅳᆮ 달아 太子ㅅ 마리롤 塔애 ᄀᆞ초ᅀᆞᄫᅵ니
아바님 슬ᄒᆞ신ᄃᆞᆯ 淨居天은 ᄠᅳᆮ 달아 太子ㅅ 몸애 袈裟 니피ᅀᆞᄫᅵ니
— — —

오십오장
설산(雪山) 고행림(苦行林)에 머리카락을 깎으시며 번뇌 쓸어버리려 하시니
보관영락(寶冠瓔珞)을 차닉이를 주시며 정각 이루어야 돌아가려 하시니

오십육장
야수(구이) 우시건마는 제석(帝釋)은 뜻이 달라 태자의 머리카락을 탑에 간수하오니
아버님 슬퍼하신들 정거천은 뜻이 달라 태자의 몸에 가사(袈裟) 입히사오니

새들의 합창

太子ㅣ 跋伽仙林에 가시니 뎌 수프레 잇는 그력 올히와 鸚鵡와 孔雀
과 鸜鵒과<釋詳3:32ㄴ> 鴛鴦과 迦陵頻伽와 命命과 拘翅羅 等 여러
새둘히 太子를 보숩고 各各 이든<釋詳3:33ㄱ> 우루믈 울며 뎌 수프
레 잇는 벌에 즁싱둘토 다 깃거 太子끠 오ᅀᆞᄫᅡ며

鸚鵡는 말ᄒᆞ는 새라

鸜鵒과 鴛鴦괘 다 새 일후미라

迦陵頻伽ᄂᆞᆫ 앐 소배셔브터 됴ᄒᆞᆫ 소리 ᄒᆞ는 새니 녀느 새소리 미츠리 업스며 如
來 마옵고 사ᄅᆞ미며 하ᄂᆞᆯ히며 緊那羅ㅣ며 미츠리 업스니라

命命은 ᄒᆞᆫ 모미오 두 머리 가진 새니 共命이라도 ᄒᆞ며 耆婆耆婆迦ㅣ라도 ᄒᆞᄂᆞ니라

拘翅羅ᄂᆞᆫ 양지 골 업수ᄃᆡ 소리 됴ᄒᆞᆫ 새라

― ― ―

**태자가 발가선림에 가시니 그 숲에 있는 기러기, 오리, 앵무, 공작,
구욕(鸜鵒: 구관조), 원앙, 가릉빈가, 명명(命命), 구시라 등 여러 새
들이 태자를 뵙고 각각 좋은 울음을 울며, 그 숲에 있는 벌레, 짐승들
도 모두 기뻐 태자께 왔다.**

앵무는 말하는 새이다. 가릉빈가는 알 속에서부터 좋은 소리를 내는 새이
니 다른 새소리가 미칠 수 없으며 여래 말고는 사람이며 하늘이며 긴나라
도 미치지 못한다. 명명은 한 몸에 두 머리 가진 새이니 공명(共命)이라고
도 하며 기파기파가(耆婆耆婆迦)라고도 한다. 구시라는 모습이 모양새 나
지 않되 소리가 좋은 새이다.

발가선림은 페르시아어 'baga(신)'에서 나온 말로 인도 베다 시대부터 재산과 혼인을 관장하는 신으로 등장한다. 'bhagavan(신)', 'bhagya(운명)'이라는 말이 여기서 나왔다고 하는 데 '바가바드 기타(신의 노래)'를 떠올리면 이해가 될 것이다.

무엇보다 이렇게 많은 새가 등장하여 놀라웠다. 훈민정음으로 씌이진 불경을 읽다 보면 인도에서 유래된 꽃이나 나무, 새들도 신기하지만 그것을 15세기 언어와 사유로 풀이한 협주에 감동하게 된다. 2,600년 전 그때도 기러기와 오리가 있었구나. 앵무새는 그때도 말을 하고 구관조, 원앙도 살고 있었다. 더욱이 상상의 새인 가릉빈가, 명명, 구시라에 이르면 옛사람들의 상상력을 존경하게 된다.

가릉빈가는 여래 말고는 아무도 능가할 수 없는 천상의 아름다운 소리를 가진 새이다. '명명'은 '기파기파가'라는 이름이 더 마음에 드는데 한 몸에 두 머리라니 샴쌍둥이 새가 아닌가. 한 몸에 있는 두 새는 하나가 죽으면 다른 하나도 자연히 죽는데 하나가 살면 다른 하나도 살아난다고 한다. 그 둘의 이름은 '카루다'와 '우파카루다'라고 하는 데 카루다가 혼자 맛있는 걸 먹었는데 잠들었다가 깨어난 우파카루다가 화가 나서 독버섯을 먹어 함께 죽었다고 한다. 맙소사! 탄식하다가 살아가면서 우리도 이러한 어리석은 짓을 얼마나 많이 저지르는가 부끄러워진다. 특히 '부부는 일심동체'라는 말의 의미를 이쯤에서 되새겨 보아야 할 것만 같다.

'구시라'는 볼품없는 새인 모양인데 인도에서는 검은 두견새(kokila)라고 한다. 흉한 모습인데 소리가 좋아서 어쩌면 우스개 소리처럼 '병풍 뒤에서' 노래하는지도 모르겠다.

어찌 수고로운 인연을 닦아 수고로운 과보를 구하는가

그저긔 그 수프레 婆羅門둘히 祭ᄒ기 위ᄒ야 쇠져즐 앗더니 그 져지
따도 ᄒᆞ가지로 날 씨 仙人둘히 하ᄂᆞᆳ 神靈이샸다 너겨 제믈 ᄃᆞ리고 太
子ᄅᆞᆯ 請ᄒᆞᅀᆞ바다가 안치ᅀᆞᄫᆞ니
仙人둘히 다 나못 것과 닙과로<釋詳3:33ㄴ> 옷 ᄒᆞ야 닙고 곳과 果實
와 플와 나모와ᄅᆞᆯ 머그리도 이시며 믈와 블와 히 ᄃᆞᄅᆞᆯ 셤기리도 이시
며 믈와 블와 지와 가시 남기 누ᄫᆞ리도 잇더니 太子ㅣ 그 ᄠᅳᄃᆞᆯ 무르신
대 對答ᄒᆞᅀᆞ보디 하ᄂᆞᆯ해 나고져 ᄒᆞ노이다

― ― ―

그때 그 숲에 바라문들이 제(祭)를 올리기 위하여 소의 젖을 짜니 그
우유가 짜도 짜도 한결같이 나오므로 선인들이 '이분이 하늘의 신령
이시로구나.' 여겨 제물을 가지고 태자를 청하여 앉게 하셨다.
선인들이 다 나무껍질과 잎사귀로 옷 지어 입고 꽃과 과실, 풀, 나무
를 먹는 이도 있으며, 물과 불과 해, 달을 섬기는 이도 있으며, 물과
불, 재와 가시나무에 눕는 이도 있었다. 태자가 그 뜻을 물으시니 대
답하였다.
"하늘에 태어나고자 하노이다."

太子ㅣ 니ᄅᆞ샤디 네 求ᄒᆞ논 이리 乃終내 受苦ᄅᆞᆯ 몯 여희리니 하ᄂᆞᆯ히<
釋詳3:34ㄱ> 현마 즐겁고도 福이 다ᄋᆞ면 도라 ᄂᆞ려 ᄆᆞᄎᆞ맨 受苦ᄅᆞᄫᆡᆫ
길ᄒᆞ로 가ᄂᆞ니 엇뎨 受苦ᄅᆞᄫᆡᆫ 因緣을 닷가 受苦ᄅᆞᄫᆡᆫ 果報ᄅᆞᆯ 求ᄒᆞᄂᆞᆫ다

석보상절,
훈민정음 조선 대장경의 길을 열다

히현마를겁바ᄂᆞ도 福복 ᄋᆞ다ᄒᆞ면도라
ᄂᆞ려ᄆᆞᄎᆞ맨 受쓯 苦콩 ᄅᆞ뷘길ᄒᆞ로가
ᄂᆞ니엇뎨 受쓯 苦콩 ᄅᆞ뷘因ᅙᅵᆫ緣원을
닷가 受쓯 苦콩 ᄅᆞ뷘果광報ᄫᅩᆼ 몰求꿀
ᄒᆞᄂᆞᆫ다ᄒᆞ샤져므도록 詰ᅘᅵᇙ難난ᄒᆞ시
고 詰ᅘᅵᇙ難난ᄋᆞᆫ말ᄊᆞᆷ서르힐훠겻굴씨라 이ᄃᆞᆺ나래가노
라ᄒᆞ신대 仙션人ᅀᅵᆫ신라 이슐보ᄃᆡ닷ᄂᆞᆫ道똘
理링 다ᄅᆞ니겨쇼셔ᄒᆞ노이다ᄒᆞ

| 수고로운 인연 과보 |

열여섯 번째 이야기
설산수도, 어찌 수고로운 인연을 닦아 수고로운 과보를 구하는가

201

호샤 져므도록 詰難호시고 이틋나래 가노라 호신대

詰難은 말쏨 서르 힐훠 겻굴 씨라

仙人이 술보디 닷는 道理 다르니 겨쇼셔 몯호노이다 호더라

———

태자가 이르셨다.

"그대들이 구하는 일이 끝내 수고를 여의지 못할 것이다. 하늘이 아무리 즐거워도 복이 다하면 도로 내려와 마침내 수고로운 길로 가게 되니 어찌 수고로운 인연을 닦아 수고로운 과보를 구하는가."

하시며 저물도록 힐난하시고 이튿날에 '가겠노라' 하셨다.

힐난(詰難)은 서로 말로 다투어 겨루는 것이다.

선인이 사뢰었다.

"닦는 도리가 다르니 '계십시오'라고 못하겠습니다."

오늘의 기억할 한마디는 바로 '수고로운 인연을 닦아 수고로운 과보를 구한다.'이다. 괴로움의 원인을 열심히 농사 지어서 괴로움의 결실을 구하는 것. 자신의 목표를 세우고 열심히 달리다 보면 어느덧 본질은 사라지고 절제가 지나쳐 물심양면으로 인색해진다든지, 자기만의 규칙을 만들어 남에게도 그 잣대를 들이댄다든지, 일부러 가시밭길을 걸어 피투성이가 된다든지 하는 경우가 비일비재하다. 나 또한 여기서 얼마나 자유로울까. 석가모니의 팔상 중 '설산수도'의 '설산'은 '설산'이 아니라 '고행림'이었다. 그렇다면 우리에게 인생이란 설산은 고행림과 같은가, 다른가.

석보상절,
훈민정음 조선 대장경의 길을 열다

○

설산 수도,
무색계 무소유처와 비상비비상처 선정 수행

●

태자의 출가는 빈 말만 붙들고 돌아온 마부에 의해 기정사실화 되고 부왕은 결국 다섯 비구를 엄선해 따라가게 한다. 태자는 욕계와 색계를 넘어 무색계의 선정을 닦는 스승을 찾아 6년간 수행을 하게 되는 이야기가 펼쳐진다.

마부 차닉의 귀환과 태자에 대한 가족의 미련

車匿이 寶冠 가져 도라오나놀 王이 보시고 짜해 업더디여 우르시며 俱

夷는 물 고개를 안고 우르시더라

— — —

차닉이 보관을 가지고 돌아오니 왕이 보시고 땅에 엎어지며 우시고
구이는 말의 고개를 안고 우셨다.

其五十七
寶冠이 오나눌 아바님 보시고 짜해 디여 우르시니
蹇特이 오나눌 妃子ㅣ 보시고 고갤 안아 우르시니

— — —

오십칠장
태자의 보관(寶冠)이 오거늘 아버님 보시고 땅에 엎어지며 우시니
애마 건특이 오거늘 왕비 구이가 보시고 말 고개를 안고 우시니

　　처음 「석보상절」을 읽을 때 '차닉'이와 '건특'이 이야기가 인상적이었
다. 마부와 말의 비중이 다른 주요 등장 인물에 못지 않기 때문이었다.
결국 차닉(Chandaka)이는 출가를 하고 아라한이 되었다고 한다. 애마
건특이는 성으로 돌아와 목숨을 곧 마친 후 33천에 났다가 바라문의 아
들로 태어나 석가모니의 교화를 받게 되었다고 한다. 태자가 사라지자
아버지 정반왕과 아내 구이는 태자의 보관과 애마의 목을 끌어안고 슬픔
을 이기지 못한다. 사랑하는 사람과 이별하는 괴로움 애별리고(愛別離
苦)의 대상으로 자식과 배우자만한 대상이 있을까.

王이 車匿이 보시곤 太子 가신ᄃᆡ 가려 ᄒᆞ더시니

臣下ᄃᆞᆯ히 ᄉᆞᆲ보ᄃᆡ 가디 마ᄅᆞ쇼셔 우리 가아 推尋ᄒᆞᅀᆞᆸ보리이다 ᄒᆞ고

모다 推尋ᄒᆞᅀᆞ바〈釋詳3:35ㄱ〉 가니 ᄒᆞᆫ 나모 미틔 겨시거늘 ᄇᆞ라ᅀᆞᆸ고

ᄉᆞᆲᄇᆞᆫ대

推尋은 곤가 ᄎᆞ줄 씨라

———

왕이 차닉이 보시고는 태자 가신 ᄃᆡ를 가려 하시더니 신하들이 사뢰었다.

"가지 마십시오. 우리가 가서 추심(推尋)하겠습니다."

하고 모두 추심하여 가니 나무 밑에 계시거늘 바라보며 사뢰었다.

추심은 고ᄂᆞ어 찾는 것이다.

아버지 정반왕은 싯달타 태자가 떠난 곳으로 찾아가서 데려오려고 한다. 아버지의 절절한 심정이야 오죽하랴만 아내 구이가 말의 고개를 안고 슬피 우는 장면이 더 처연하다. 그것을 본 신하들이 찾으러 가겠다고 한다.

여기서 추심은 '곤가 찾는 것이다'라고 되어 있다. '곤가'는 처음 듣는 낯말이라 이리저리 찾아보았다. 추심(推尋)은 '찾아내어 가지거나 받아 냄'이라고 정의되고 '인물추심'은 '도망한 사람을 샅샅이 더듬어 찾음'이라고 풀이 되어 있다. '곤가'는 '고노다'를 기본형으로 보는데 '꼻다'라는 의미이다. 이 단어도 생소하다. '꼻다'는 '꼬느다'라고 나오고 '1. 무게가 좀 나가는 물건의 한쪽 끝을 쥐고 치켜들어서 내뻗치다. 2. 마음을 잔

뜩 가다듬고 연필 따위를 힘주어 쥐다'라고 풀이되어 있다. 그리하여 현대에 남아 있는 '꼬나보다'라는 말의 연원을 찾을 수 있는 것이다. 우리가 생각 없이 쓰던 말의 뿌리는 이토록이나 깊어 사유에 사유를 거듭해야 추적할 수 있다. 이 모두를 종합하면 '곤가 찾다'는 '마음을 잔뜩 가다듬고 한쪽에 힘을 주어 샅샅이 찾는다'는 뜻이었다. 그저 기분 나쁘게 쳐다본다는 뜻인 줄만 알았던 '꼬느다'의 역사를 태자의 출가에서 재발견하는 묘미가 있다.

생로병사의 수고와 5비구

太子ㅣ 니ᄅᆞ샤ᄃᆡ 恩惠사 모ᄅᆞ리여마ᄅᆞᆫ 네 가짓 受苦ᄅᆞᆯ 위ᄒᆞ야 ᄒᆞ노라
ᄒᆞ시고 니러 仙人 잇ᄂᆞᆫ 디로 니거시ᄂᆞᆯ
그 臣下ᄃᆞᆯ히 校陳如ᄃᆞᆯ 다ᄉᆞᆺ 사ᄅᆞ믈 두어 가시ᄂᆞᆫ 디 보ᅀᆞᄫᅩ라<釋詳
3:35ㄴ> ᄒᆞ고 도라오니라
다ᄉᆞᆺ 사ᄅᆞᄆᆞᆫ 校陳如와 馬勝과 摩訶男과 十力迦葉과 拘利太子왜라
太子ㅣ 뫼히며 므리며 굴히디 아니ᄒᆞ야 ᄃᆞ니실ᄊᆡ
다ᄉᆞᆺ 사ᄅᆞ미 몯 믿ᄌᆞᄫᅡ 그에셔 사더라
— — —

태자께서 말씀하셨다.
"은혜야 모르리오마는 네 가지 수고를 위하여 수행하는 것이다."
하시고 일어나 선인이 있는 데로 가셨다.

석보상절,
훈민정음 조선 대장경의 길을 열다

그 신하들이 교진여들 다섯 사람을 모아 가시는데 보살피라 하고 돌아왔다.

다섯 사람은 교진여와 마승, 마하남, 십력가섭, 구리태자이다.

태자가 산이며 물이며 가리지 않고 다니시므로 다섯 사람이 미덥지 못해 거기서 살았다.

신하들이 가서 간곡히 정반왕이 돌아오라고 하는 뜻을 전하니, 부모님의 은혜를 모르지 않지만 나 또한 '노병사별(老病死別)' 네 가지 괴로움을 여의겠다는 결연한 의지로 출가를 했노라고 선언한다. 그리고 수행하는 선인들이 있는 곳으로 떠나니 신하들은 다섯 수행자들에게 태자를 부탁하고 돌아온다. 『석가보』에 따르면 정반왕은 대신들의 자제를 선발해 보내고 돌아오면 집안을 멸할 것이라고 했다 한다. 또 아버지의 친척 셋, 어머니의 친척 둘을 남겼다는 설도 있다.

다섯 명은 나중에 싯달타 태자가 깨달음을 얻고 처음 설법하는 다섯 비구이기도 하다. 곧 첫 제자 아야 교진여, 사리불과 목련을 귀의시킨 마승, 아라한이 된 마하남, 바부라고도 불리는 십력가섭, 석가모니의 사촌 구리 태자 등이다. 이름은 음차와 의역으로 경전마다 조금씩 다르다.

태자가 산이고 물이고 가리지 않고 다니시니 다섯 사람이 그에게 미치거나 따르지 못해서 함께 살았다라는 뜻이 일차 직역이지만, 『불설태자서응본기경』에 태자를 보필하지 못하면 집안을 멸하겠다는 왕의 지엄한 명령이 있어 태자와 머물게 되었다는 말도 있으니 짐작하여 헤아려야 할 것이다. 여기서 '미덥다'라는 말이 파생되지 않았을까 하여 의역하였다.

무색계 무소유처와 비상비비상처 수행자를 만나다

太子ㅣ 彌樓山 阿藍迦蘭이라 홇 仙人 잇ᄂᆞᆫ ᄃᆡ 가샤 不用處定을 三年
니기시고
不用處는 ᄡᅳ디 아니ᄒᆞᄂᆞᆫ 고디니 긔 無所有處ㅣ라 定은 一定홇 씨니 不用處ㅅ
功夫에 ᄆᆞᅀᆞᄆᆞᆯ 一定홇<釋詳3:36ㄱ> 씨 不用處定이라

———

태자가 미루산 아람가란이라 하는 선인이 있는데 가셔서 불용처정
(不用處定)을 삼년 동안 익히셨다.

불용처(不用處)는 쓰지 않는 곳이니 그것이 무소유처이다. 정(定)은 일정하
다는 뜻이니 불용처의 공부에 마음을 일정하게 하므로 불용처정이라 한다.

  태자가 출가하여 스승 찾아 처음 가는 곳이 미루산이다. 수미산이라고
한다. 여기서는 왕사성 밖의 아람가란 선인이 살던 산으로 볼 수 있지만
불교에서 말하는 우주의 중심에 있는 산으로 생각해도 무방할 것이다.
왜냐하면 '욕계 육천'의 중심을 이루고 있는 산인데 그 위의 하늘인 '색
계'를 지나 '무색계'의 선정을 닦는 수행자를 만나러 가고 있으니 말이다.
  태자의 스승 '아람가란'은 알라라 칼라마(Alara Kalama)이다. 아라라
선인(阿羅羅 仙人)이라고도 하는 수론(數論) 파의 수행자로 석가모니가
출가했을 당시 인도에서 가장 유명한 명상 스승이었다. 석가모니가 깨
닫고 난 뒤에는 석가모니 교단을 따라다녔다. 싯다르타에게 "지혜의 배
를 타고 고통의 바다를 건너가라."고 말했다고 한다. 싯다르타가 29세에

석보상절,
훈민정음 조선 대장경의 길을 열다

출가했을 당시 알라라 칼라마는 120세였다. 16세에 출가해 104년째 수행을 하고 있었는데 300명의 제자가 있었다고 한다. 선인은 외도 수행자 정도로 이해할 수 있다.

'불용처정'을 이해하기 위해서는 먼저 '욕계(欲界)·색계(色界)·무색계(無色界)'라는 삼계를 알아야 한다. 오온(五蘊) 중 색(色)을 제외한 수(受)·상(想)·행(行)·식(識)만으로 구성된 세계를 말한다. 이러한 무색계의 선정(禪定)에는 4단계가 있다. 공무변처정(空無邊處定: 허공처럼 무한하다고 보는 경지), 식무변처정(識無邊處定: 식이 무한하다고 보는 경지), 무소유처정(無所有處定: 아무것도 없는 것으로 보는 경지), 비상비비상처정(非想非非想處定: 생각이 있는 것도 아니고 없는 것도 아닌 경지)이 그것이다. 이것은 욕계정(欲界定), 색계정(色界定)보다 적정하며 욕망이나 물질에 대한 상념이 없게 된 경지이다.

이 무색계의 세 번째 '무소유처정'을 '불용처정'이라고 한다는 것이다. '쓰지 않는 곳에서의 선정'이란 존재하는 것은 없다고 하는 무소유의 경지를 이른다는 의미이다. '선정'의 뜻도 멋지다. '공부에 마음을 일정하게 하는 것', 그것이 선정이다.

「월인석보」 1권이 108장으로 끝나면서 '선정'의 뜻은 다음에 풀이하겠다고 주석을 달고 마치는데 바로 2권 첫장에 이어지는 것이 아니라 「월인석보」 제2권 25장에 가서 설명이 나온다. '선정은 마음을 적정히 생각하여 일정한 것이다(禪定은 ᄆᆞᅀᆞ믈 寂靜히 ᄉᆞ랑ᄒᆞ야 一定ᄒᆞᆯ씨오<月釋 2:25ㄱ>)'. 여기 「석보상절」 제3권에서 다시 그 뜻을 확인하게 된다. '정(定)'과 '선정(禪定)'은 같은 의미이다.

그곳 미루산에서 3년 동안 수행을 했다고 한다. 옛날 이야기에서 도사 밑에서 물긷기 3년, 땔나무하기 3년 하는 수련이 생각난다. 그런데 태자는 왕궁의 성을 넘어 출가하자마자 욕계와 색계를 넘어 무색계에서도 맨마지막 3단계부터 수행을 시작하고 있다. 무수한 전생의 수행이 있었기에 가능한 일이고 이미 그 단계를 뛰어넘어 세간의 중생을 교화하러 오신 분이기에 가능한 일이라 할 수 있다.

또 鬱頭藍弗이라 홀 仙人 잇ᄂᆞᆫ 더 가샤 非非想處定을 三年 니기고 너기샤디 仙人이 이리 굴근 結이사 업거니와 죽사리 免홀 道理 아니로다 ᄒᆞ샤 ᄇᆞ리고 가시니라

結은 얽미일 씨니 한 煩惱애 미ᄢᅧ 自得 몯홀 씨라

鬱頭藍弗의그에 올마 가시며 부텻 나히 스믈둘히러시니 昭王 마ᅀᆞ닐굽찻<釋詳3:36ㄴ> 히 乙亥라

— — —

또 울두람불이라 하는 선인이 있는데 가셔서 비비상처정(非非想處定)을 삼년 동안 익히고 생각하셨다. '선인의 일이 큰 번뇌[結]야 없지마는 생사를 벗어날 도리가 아니로다.' 하시어 버리고 가셨다.

결(結)은 얽매인다는 뜻이니 큰 번뇌에 매여 자득(自得)하지 못하는 것이다. 울두람불에게 오고 가실 때 부처의 나이 스물 둘이시니 주나라 소왕 47년(B.C.949년) 을해이다.

울두람불은 태자가 아람가란 선인을 떠나 왕사성 근처에서 수행할 때

비상비비상처(非想非非想處)의 선정을 가르친 스승이다. 울두람자(鬱頭藍子), 우타라라마자(優陀羅羅摩子)라고도 한다. 『증일아함경』에 의하면 태자가 정각을 이루고 처음 법을 전하려 하였으나 죽었다고 한다. 그리하여 다섯 비구를 처음으로 제도하게 되었다는 것이다.

무색계의 마지막 네 번째 단계인 '비상비비상처'의 선정을 닦았음에도 생사를 벗어날 도리가 아님을 깨닫고 그 스승을 떠난다. 무색계의 선정을 닦아도 남아 있는 결업(結業) 곧 번뇌는 마음을 자유롭게 하지 못하고 얽매이게 한다는 것이다.

「월인천강지곡」은 이렇게 노래하고 있다.

其五十八
阿藍迦蘭이그에 不用處定을 三年을 니기시니
鬱頭藍弗의그에 非非想處定을 三年을 쏘 니기시니

－－－

오십팔장
아람가란에게 태자가 무소유처 선정[不用處定]을 삼년 익히시니
울두람불에게 비상비비상처 선정(非非想處定)을 삼년 또 익히시니

사실 이들은 외도라고 할 수 있다. 그리하여 태자는 극도의 고행과 '수하항마' 끝에 정각을 이루게 되는 것이다. 이 글을 읽으면서 무색계의 끝 단계인 수행도 아득한데 거기서도 정각을 이루지 못한다니 내가 범부인 것이 한없이 작게 느껴지다가 차라리 다행인가 싶기도 하다.

이렇게 6년간의 고행을 하고 있을 때 구이(야수다라)는 라훌라를 출산한다. 출가 후 6년이 지난 뒤 일어난 이 기적 같은 일에 석가의 종족들은 과연 어떻게 대처할까. 다음 편에는 이 흥미진진한 이야기가 기다리고 있다.

석보상절,
훈민정음 조선 대장경의 길을 열다

○

라훌라 출생과 야수다라의 백척간두 진일보

●

「석보상절」이번 이야기부터 튀르키예로 옮겨서 쓰고 있다. 이슬람 국가에서 쓰는 불교 이야기라니 멋지지 않은가. 터키에서 한국학의 중심으로 자리잡은 국립 에르지예스대학교 한국어문학과에 오니 박사 연구원들이 불교에 관심이 많다고 직접 찾아와 이야기한다. 이슬람 사회에서 미래 불교학자가 탄생할까. 마침 석가모니의 아들 라훌라 출생에 대한 이야기이다.

특히 이번 글에서는 6이라는 숫자가 의미심장하다. 불교에서 6이라는 숫자의 쓰임은 '6년 고행', '육도(六道) 윤회, 육바라밀'이 대표적이다. 여기서 6년의 의미는 태자의 출가에 맞춰 아들 라훌라가 그 6년 뒤 출생이 전생의 6리와 6일의 인연담으로 이어진다. 신기하게 내가 근무하는 터키

대학의 대표 전화번호 뒷자리가 '6666'이다. 21세기에 이슬람의 나라에서 불교와의 만남이 6이라는 반연으로 이루어질 수 있기를, 그리하여 새로운 라홀라가 탄생하기를 기대해 본다.

'구이'에서 '야수다라'로

이번 이야기는 싯달타 태자가 출가한 지 여섯 해가 지난 뒤 아내 구이가 갑자기 아들을 낳는 사건으로 시작한다. 무슨 연유인지「석보상절」제3권 36장부터 '구이'는 '야수다라'라는 이름으로 등장한다. 물론「월인천강지곡」에서는 간간이 야수(다라)라고 씌어져 왔다. 아마도 저본으로 참조한 경전『잡보장경』등의 영향일 것으로 짐작된다. 사실 '구이'는 석가모니 부처의 전생인 '선혜보살' 당시 세세생생 배우자가 되기로 약속한 야수다라 전생의 이름이므로 동일인이라 할 수 있다. 이쯤에서 바로잡기로 했는지도 모르겠다.

라훌라의 출생

太子ㅣ 出家ᄒᆞ신 여슷 ᄒᆡ예 耶輸陁羅ㅣ 아ᄃᆞᆯ 나하시ᄂᆞᆯ

出家ᄒᆞ신 ᄒᆡ 마오 여슷 ᄒᆡ니 부텻 나히 스믈다ᄉᆞ시러시니 昭王 쉰찻 ᄒᆡ 戊寅이라 耶輸陁羅ᄂᆞᆫ 곳비치라 혼 마리니 긔 俱夷시니라 이 아ᄃᆞ리 긔 羅睺羅ㅣ니 그

르 닐어 羅雲이라도 ᄒᄂ니라

釋種들히 怒ᄒ야 주규려터니 耶輸ㅣ 블 퓌운 구들 디레셔 盟誓ᄒ샤ᄃ
나옷 외면 아기와<釋詳3:37ㄱ> 나와 ᄒᄢ 죽고 올ᄒ면 하ᄂᆯ히 본즈을
ᄒ시리라 ᄒ시고 아기 안고 ᄢᅵ여 드르시니 그 구디 蓮모시 ᄃ외야 蓮ㅅ
고지 모ᄆᆞᆯ 바다ᄂᆞᆯ 王이시며 나랏 사ᄅᆞ미 그제ᅀᅡ 疑心 아니ᄒ니라

———

태자가 출가하신 지 여섯 해째에 야수다라가 아들을 낳으셨다.
태자가 출가하신 해 말고 여섯 해이니 부처의 나이 스물 다섯이다. 주나
라 소왕 50년(B.C.946) 무인이다. 야수다라는 꽃빛이라 하는 말이니 구이
를 말한다. 이 아들이 그 라후라이니 다르게 말해 라운이라고도 한다.
석가씨 종족들이 노하여 죽이려 하였다.
야수가 불 피운 구덩이 앞에서 맹세하시되 '내가 잘못했으면 아기와
내가 함께 죽고 옳다면 하늘이 증명[本證]을 하시리라.' 하시고 아기
안고 뛰어드시니 그 구덩이[窖]가 연못이 되고 연꽃이 몸을 받거늘
왕이며 나라의 사람이 그제서야 의심을 하지 않았다.

사실 상식적으로 일어날 수 없는 일이다. 태자가 출가할 때 이미 출가
이후 여섯 해째 아들을 낳으리라 예언을 한 바 있다.[8] 그랬어도 가비라
국에서 그 말을 귀담아듣거나 믿은 사람은 아무도 없었을 것이다. 부처의
나이 스물다섯이라고 한 건 지난 열일곱 번째 이야기에서 스물아홉에 출

---

8 본 책 열세 번째 이야기 : 「월인천강지곡」 46장(159p) 참조.

| 라홀라 출생 |

석보상절,
훈민정음 조선 대장경의 길을 열다

가했다는 이야기와 맞지 않는다. 이 또한 19세 출가설의 경전을 참조한 것으로 생각할 수 있다. 일반적으로 우리는 석가모니가 서른다섯에 깨달음을 얻었다고 알고 있다. 「석보상절」의 치밀한 구성에 비하여 이 장에서는 구이가 야수로 바뀌고 열아홉 출가설이 서술되는 등 파격이 많은 장이다. 그래서 오히려 연구자에게는 연구할 꺼리가 많은 흥미진진한 스토리텔링이라 할 수 있다. 주나라 소왕도 재위 24년 B.C.977년에 죽었다고 하는 게 일반적인데 여기는 재위 50년으로 나오고 있다.

어쨌든 태자 출가한 지 6년이란 세월이 지나 야수다라가 갑자기 아이를 낳은 해괴한 일이 벌어졌다. 왕손을 보게 된 할아버지 정반왕은 그야말로 오매불망 바라마지 않은 일이었으나 아비 없이 태어난 손자라니……. 이제 석가씨들은 이 모자를 죽이려고 덤벼든다.

하필 이 차제에 야수다라의 의미가 '꽃빛'이며 구이와 동일인이라고 밝힌다. 「월인석보」 제1권에서는 구이의 의미를 '구이'가 밝은 여자라고 풀이하였다. 구이가 태어나실 때 해가 다 저물어가고 있는데 그 집만 광명이 비쳐서 그렇게 이름 지었다는 것이다. 꽃답고 환히 밝은 우리의 야수다라이자 구이가 이제 절체절명의 위기에 맞닥뜨렸다. 라후라의 이름도 '잘못 말해' '라운'이라고도 한다고 본문에 주석을 달았는데 문맥상 '다르게 말해'라고 풀이하였다.

야수다라의 범상치 않음은 앞의 이야기에서 익히 보아왔다. 싯달타와 여러 훤훤장부들과의 경쟁에서 결혼을 위해 싯달타에게 자신은 보배가 아닌 공덕으로 장엄한다는 의사표현을 하는 장면이라든지, 태자의 출가

사실을 안 후 격렬하게 고통을 표현하는 장면 등이 그것이다.

이제 그토록 원했던 후사를 이을 아들을 낳았는데 죽이려고 달려드는 왕실과 친척들의 의심을 받자 그는 보란 듯이 불구덩이에 갓 태어난 아들을 안고 뛰어든다. 내가 정정당당하지 않게 아들을 낳았다면 벌을 받아 죽을 것이고 그렇지 않다면 하늘이 증명하리로다 하고 일갈한 후에 말이다. 그야말로 백척간두 진일보이다.

과연 모자가 뛰어든 불구덩이는 물이 가득한 연못으로 변하여 연꽃이 그들을 받치니 그제서야 그 왕과 나라 사람들이 이 신이한 일을 믿어 의심치 않았다는 것이다.

6년 후에 태어난 이유

6년이란 지체가 다 원인이 있었다. 「월인천강지곡」은 늦게 태어난 이유를 함축적으로 노래하고 있는데 그 가사만으로는 자세한 내용을 알 수 없다. 「석보상절」의 서사를 읽고서야 노래가 이해되는 것이다. 불교 게송의 특징이라 할 수 있다. 그 내용을 「월인천강지곡」에서는 다음과 같이 노래하고 있다.

其五十九

耶輸ㅣ 前世예 六里를 뻐디실씨 六年을 몯 나ㅎ시니 <월인22ㄱ>

羅雲이 前世예 六日을 니ᄌ실씨 六年을 몯 나앳더시니

석보상절,
훈민정음 조선 대장경의 길을 열다

오십구장

야수(구이)가 전세(前世)에 용변 보기를 핑계로 6리(六里)를 뒤처지시므로 6년을 태자 못 낳으시니

라운(라홀라)이 전세에 6일 동안 죄인 가둔 것을 잊으셨으므로 6년을 못 태어나시니

이 내용도 문맥을 보충해서 쓴 게 이 정도이다. 실제 「석보상절」의 구체적인 내용은 다음과 같다.

羅雲이 前生애 혼 나랏 王이 두외야 잇더니 혼 道士ㅣ 죠고맛 罪를 지서늘 그 王이 東山애 <釋詳3:37ㄴ> 드려 잢간 가도라 ㅎ고 닛고 여쐐를 뒷더니 그 因緣으로 여슷 히를 빗 소배셔 몯 나니라

耶輸는 前生애 어마님과 혼디 가시다가 길 머러 굿브실씨 물보기 ㅎ야 자내 지믈 어마님 맛디시고 부러 뻐디여 여슷 里를 가시니 그 因緣으로 여슷 히를 비여 몯 나햇더시니라

라운이 전생에 한 나라의 왕이 되어 있었는데, 어떤 도사가 조그만 죄를 짓거늘 그 왕이 동산에 들어오게 하여 잠깐 가두라고 하고는 잊어버리고 엿새를 가두었다. 그 인연으로 이생에 태어날 때 여섯 해를 나오지 못하였다.

야수는 전생에 어머니와 함께 가다가 길이 멀어 벅차 뒤보는 일을

핑계 삼아 자기 짐을 어머니께 맡기고 일부러 떨어져 6리를 가시니 그 인연으로 여섯 해를 잉태하여 낳지 못하였다.

　라훌라(라운)가 전생에 어느 나라 왕이었을 때 한 도사(수행자)를 잠시 가둔다는 게 엿새나 가둔 과보로 6년을 뒤늦게 태어났다는 발상이 흥미롭다. 엿새가 여섯 해가 되는 계산법은 도대체 어떻게 해야 나오는 숫자인가.

　야수(야수다라)는 한 술 더 뜬다. 전생에 엄마와 짐을 들고 길을 가다가 너무 멀어 가기가 벅차 잠시 용변을 본다는 핑계로 짐을 맡겨 6리를 뒤처졌다고 한다. 그렇다고 6년 동안이나 출산이 지체되다니 가당키나 한 일인가. 그것도 다른 사람도 아닌 엄마와 함께 가는 길에 어린아이가 엄마에게 꾀 좀 부렸다고 6리를 6년으로 환산하는 셈법이라니……. 그래서 『불본행집경』을 찾아보았더니 거기엔 딸의 어머니가 어린 딸에게 더 크고 무거운 짐을 들려 걷게 하였다는 반전 스토리가 실려 있다. 라후라의 경우에도 한 수행자가 남의 물을 허락없이 마시고 작은 잘못도 잘못이라고 스스로 벌해 달라고 하였는데 엿새나 가두었다고 기록되어 있다. 사실 이것은 치명적인 딸의 실수이거나 수행자의 잘못이라고 하기엔 귀엽게 봐줄 만한 일상의 에피소드들 아닌가.

　살아오는 동안 고의든 실수든 남에게 저지른 잘못이 얼마나 많으랴. 이걸 다 따져서 다음 생에 몇 년이나 일이 안 풀릴 거라 생각하면 아뜩한 일이다. 어느 때는 한없이 자비롭다가 어느 때는 가혹하다 싶을 만한 전생담에 고개가 갸웃해진다.

**석보상절,
훈민정음 조선 대장경의 길을 열다**

其六十

羅雲이 나거시늘 굳 ᄑᆞ고 블 퓌우니 님금 臣下ㅅ 疑心이러시니

耶輸ㅣ 드르신대 믈 ᄀᆞᆲ고 蓮이 프니 님금 臣下ㅣ 疑心 아니ᄒᆞ시니 <월인22ㄴ>

— — —

육십장

라운이 태어나시거늘 구덩이 파고 불 피우니 임금과 신하가 의심하신 것이니

야수가 들어가시니 구덩이에 물이 차고 연꽃이 피니 임금과 신하가 의심 아니하시니

「월인천강지곡」은 다시 이렇게 노래한다. 어렵사리 라홀라가 태어났지만 왕실과 나라 사람들은 야수다라를 의심하고 부정하게 아이를 낳았다고 불구덩이를 만들어 모자를 죽이려 한다. 야수다라는 결백하기에 스스로 뛰어든다. 저 불이 물이 되고 연꽃이 피어 모자를 사뿐히 받아 줄 것이라고 확신을 했기에 가능한 일이다.

야수다라의 위풍당당함은 이러한 점에서 싯달타 태자 못지않다. 게다가 혼잣몸도 아니고 갓 태어난 자기 목숨보다 귀한 왕자를 안고 말이다. 돌이켜보면 각자의 인생에서도 이제 와 생각하니 불구덩이에 뛰어들던 시절이 있었을지 모른다. 처음엔 그것이 불구덩이가 아니라 극락이라 생각하고 뛰어들었건, 정말 연꽃 가득한 연못이었는데 차츰 말라 지옥 같은 불구덩이가 되었건 우리에게 그런 선택의 시간은 한두 번쯤 있기 마

런이다.

문득 야수다라의 화려한 결혼과 원치 않는 별거, 지체된 출산이라는 이 일련의 스토리텔링이 어쩌면 그에게는 결혼 자체가 아름다운 허상에 불과한 불구덩이였음을 보여주는 것이 아니었을까 하는 생각이 든다.

이혼과 비혼이 많아지는 이즈음, 이 선택이 과연 연꽃 핀 연못일까 가늠해 본다. 아닐 것이다. 불구덩이와 연못은 사실 둘이 아니다. 내가 어떻게 가꾸느냐에 따라 불구덩이가 되기도 하고 연꽃 핀 연지가 되기도 하는 것이다. 「석보상절」의 이야기가 21세기에도 울림이 있는 것은 이렇게 나와 다르지 않은 사람의 이야기를 하고 있기 때문이리라.

석보상절,
훈민정음 조선 대장경의 길을 열다

열아홉 번째 이야기

○

싯달타 태자의 6년 고행

●

이제 싯달타 태자가 6년 동안 고행을 하고 정각에 이르는 「석보상절」
제3권의 클라이맥스를 찬찬히 읽어 보기로 한다. 그 다음 이야기는 태자
가 정각을 이룬 후 제천이 이바지하는 내용인데 이것으로 현전하는 첫
번째 「석보상절」 제3권은 대단원의 막을 내린다. 「석보상절」 제4권과 5
권은 전하지 않고 6권이 전한다. 제6권은 내가 가장 좋아하는 권차이기
도 하다. 거기에는 마치 조선시대로 타임머신을 타고 돌아간 것처럼 살
아있는 대화체가 진진하게 펼쳐져 있다. '야수다라와 목건련', '야수다라
와 대애도', '석가모니와 라후라'의 대화는 눈물과 웃음을 참기 어렵다.
마치 「월인석보」 제1권의 '선혜'와 '구이'의 세세생생 부부의 인연을 맺

는 대화 만큼이나 살아 숨쉬는 우리말 대잔치가 벌어지고 있다. 「석보상
절」은 이렇게 사람 냄새나는 조선 최초 불교경전인 것이다.

태자의 6년 고행

太子ㅣ <釋詳3:38ㄱ> 伽闍山 苦行林에 憍陳如돌 다숫 사롬 잇논 尼
連河ㅅ ㄱ새 오샤
河는 ㄱ르미라
플 실오 結加趺坐 ᄒ샤 盟誓ᄒ샤디
結은 겨를 씨오 加는 더을 씨오 趺는 밠등이오 坐는 안줄 씨니 結加趺坐는 올
ᄒ녁 밠드을 왼녁 무루페 엱고 왼녁 밠드을 올ᄒ녁 무루페 연자 서르 겨러 안
줄 씨라
부텨옷 몯 ᄃ외면 아니 니러나리라

— — —

**태자가 가사산 고행림에 교진여들 다섯 사람이 있는 니련하라는 강
가에 오셔서 풀을 깔고 결가부좌하고 맹세하셨다.**
결(結)은 교차하여 맺는 것이요, 가(加)는 더하는 것이고, 부(趺)는 밠등이
요, 좌(坐)는 오른쪽 밠등을 왼쪽 무릎에 얹고 왼쪽 밠등을 오른쪽 무릎에
얹어서 서로 맺어 앉는 것이다.
'부처가 되지 못하면 일어나지 않으리라.'

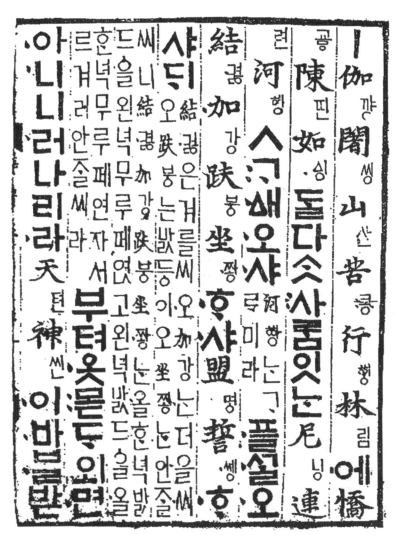

| 6년 고행 |

싯달타 태자는 마가다국 상두산이라고도 부르는 가사산 나이란자라강 흔히 '니련하'라고 하는 강가에 자리를 깔고 결가부좌에 들었다. 결가부좌를 설명하는 것이 그림을 그릴 수 있을 만큼 정확하고 구체적이다. 다리를 교차하여 맺고 발등이 위로 오도록 겹쳐서 앉는데 오른 발등은 왼 무릎에 왼 발등은 오른 무릎에 얹어 앉는 자세라는 것이다.

석보상절,
훈민정음 조선 대장경의 길을 열다

이보다 더 자세한 결가부좌 설명을 들은 일이 있는가. 그렇게 자세를 잡고는 다짐하였다. 부처가 되지 못하면 결코 이 결가부좌한 자리에서 일어나지 않으리라.

언젠가 무문관에 들어가 수행하다 원적에 든 수좌의 이야기를 다큐로 본 적이 있다. 당시 나로서는 이해할 수 없었고 젊은 나이에 죽음에 이르도록 자신을 몰고 간 '용맹정진'이란 과연 무엇일까 회의적으로 바라보았다. 그런데 같이 정진하던 스님들은 오히려 담담하게 그리고 그 수행을 축수하는 느낌마저 받고 의아하였다. 이 글을 풀이하다 보니 아마 그 수행자도 공부하다 죽겠다는 마음가짐으로 무문관 수행을 한 것이 아닐까 하는 생각을 하게 된다. 『불본행경』에는 '마군의 경계와 번뇌의 티끌에서 벗어나지 못하면 앉은자리에서 일어나지 않고 사대육신이 산산조각 나고 해와 달이 땅에 떨어져도 나는 마침내 이 서원을 어기지 않으리라.'고 구체적으로 기록하고 있다. 이 대단한 서원이 있었기에 범부인 나는 부처가 되신 그분의 말씀을 따라가기만 하면 되는 것이다. 그때 태자는 어느 경지까지 고난도의 수행을 하였는가.

天神이 바블 받ᅀᆞᆸ거늘<釋詳3:38ㄴ> 아니 좌실씨 自然히 겨틔 열콰 뿔와 나긔 ᄒᆞ니라 太子ㅣ ᄒᆞ로 ᄒᆞᆫ낟곰 닐웨예 ᄒᆞᆫ낟곰 좌시고 여슷 ᄒᆡ를 히짓도 아니ᄒᆞ샤 한비도 오며 울에도 ᄒᆞ며 녀르미여 겨스리여 ᄒᆞᆫ 말도 아니코 안잿거시든 머리예 가치 삿기 치더니 사ᄅᆞ미 보고 荒唐히 너겨 프리며 남기며 고콰 귓 굼긔 더뎌도 앗디<釋詳3:39ㄱ> 아니 ᄒᆞ시더니 憍陳如ᄃᆞᆯ 다ᄉᆞᆺ 사ᄅᆞᆷ도 졷ᄌᆞᄫᅡ 苦行ᄒᆞ더라

苦行은 受苦ㄹ빙 修行홀 씨라

천신이 밥을 바치거늘 아니 잡수시므로 자연히 곁에서 삼씨와 쌀이 나게 하였다. 태자가 하루 한 알씩, 이레에 한 알씩 드시고 여섯 해를 흐지부지하지 않으시어 큰 비도 오며 우레도 치던 여름이거나 겨울이거나 한 말씀도 하지 않고 앉아 계셨다. 태자의 머리에 까치가 새끼를 쳤는데 사람이 보고 황당히 여겨 풀이며 나무를 코와 귓구멍에 던져도 그것에 아랑곳하지 않으시니 교진여들 다섯 사람도 좋아서 고행하였다.

고행(苦行)은 수고로이 수행하는 것이다.

인간이 상상할 수 있는 고통의 끝은 어디일까. 먹지도 자지도 않고 6년을 장좌불와(長坐不臥)하니 하늘 신들이 밥을 가져와 바쳐도 거들떠보지 않는다. 여기서 '흐지부지하지 않다'는 '히즛도 아니 하샤'를 의역한 것이다. 정확히 무슨 의미인지 모른다. '히즈려서 쉬다, 오른쪽으로 히즈눕고' 등의 활용 예가 있다. '대충, 편하게'의 의미로 읽힌다. 허투루 하지 않고 용맹정진 했다는 의미이다. 그것을 흐지부지하지 않다로 풀었다. '흐지부지'도 따지고 보면 '흩다'와 '붙다'가 합쳐진 말이다. 단단히 먹은 마음이 흩어졌다가 때로 다시 붙어 다잡기도 하면서 사는 모습이 일반적인데 태자는 시종여일 허투루 한 적이 없다는 것이다. 그러면 수행이 무르익기 전에 목숨이 상할 것이 자명하므로 삼씨와 쌀 한 톨로 연명하도록 태자 주위에 저절로 나게 하였다는 것이다. 하루에 삼씨 한 톨, 일주

석보상절,
훈민정음 조선 대장경의 길을 열다

일에 쌀 한 톨이라니……. 파키스탄 라호르박물관의 피골이 상접한 고행상이 다시금 떠오르는 장면이다.

뿐만 아니라 큰 비가 와도 천둥번개 우레가 쳐도 꿈쩍도 하지 않고 그 자리에 앉아 계셨다. 여름이고 겨울이고 묵언으로 수행을 하고 있자니 까치가 와서 머리에 집을 짓고 새끼를 쳤다는 것이다. 사람들은 흙먼지로 뒤덮인 기괴한 태자를 보고 콧구멍과 귓구멍에다 풀며 나무를 쑤셔 넣고 괴롭히기까지 하였다는 『근본설일체유부비나야파승사』를 보면 그때나 지금이나 사람들은 똑같구나 싶어진다. 그렇게 괴롭혀도 태자는 그것을 빼버리거나 하지 않고 묵묵히 수행에만 매진하니 자연스럽게 교진여 등 다섯 수행자도 그에게 감화되어 고행 난행의 수행을 따라하게 되었다는 것이다.

고행은 '수고롭게 수행하는 것'이라 하는 표현은 힌두교의 괴상한 고행들을 연상시킨다. 24시간 한 발로 서 있기, 물구나무 서서 평생 있기, 머리카락 뽑기 등 갖은 기묘한 자세나 극단의 추위와 굶주림을 통해 자신을 다스려 해탈할 수 있다는 것과 상통한다.

나는 이생에서 허투루 살지는 않겠으나 흐지부지 살 생각이다. 그동안 너무나 나만의 잣대를 만들어 그 안에서 사느라 힘들었다. 그리하여 지금의 내가 됐겠지만 이제는 선생이라는 직업병에서 벗어나 가늘고 길게 오래오래 흐지부지 어영부영 재미있게 살 예정이다. 그저 부처의 이야기를 쉽게 알리는 중생만 되어도 좋겠다.

다숫 사른미 王끠 사름 브려 苦行ᄒ시는 辭緣을 슬바ᄂᆞᆯ 王이 ᄀᆞ장 슬
흐샤 쳔량 시룬 술위 五百 ᄭᅮ미시며 大愛道와 耶輸와도 各各 쳔량 시
룬 술위 五百을 ᄭᅮ며 車匿일<釋詳3:39ㄴ> 領ᄒᆞ야 보내신대
太子ㅣ 아니 바다 도로 보내시니라
太子ㅣ 苦行 오래 ᄒᆞ샤 술히 여위실 ᄲᅮᆫ뎡 金色光은 더욱 빗나더시다
— — —

다섯 사람이 왕께 사람을 시켜 고행하시는 사연을 사뢰거늘, 왕이
몹시 슬퍼하며 재물을 실은 수레를 500개를 꾸미시며 대애도와 야
수도 각각 재물을 실은 수레 500개를 꾸며 차닉이에게 명령하여 보
내셨는데 태자가 받지 않고 도로 보내셨다.
태자가 고행을 오래 하셔서 살이 여위실 뿐 금색 광명은 더욱 빛나
셨다.

교진여 등 다섯 명은 태자를 보필할 엄명을 받고 함께 수행하고 있었
는데 태자가 고행으로 자칫 잘못되기라도 하면 자신뿐만 아니라 가족들
까지 위태로운 상황에 처하게 된다. 그래서 곧바로 정반왕께 아뢰니 500
수레의 재물을 잔뜩 꾸려 보낸다. 이에 뒤질세라 어머니 대애도와 아내
야수다라도 각각 500수레를 마련하니 총 1,500수레의 재물을 바리바리
싸서 마부 차닉이를 시켜 보낸다.

그 애틋하고 애절한 마음은 식구를 멀리 떠나보내 본 사람이면 알 것이
다. 자식을 군대에 보내거나 유학을 보내고 무슨 관련 뉴스라도 들릴라치
면 귀가 먼저 달려가는 마음……. 그런데 태자는 그 수레를 돌려보낸다.

석보상절,
훈민정음 조선 대장경의 길을 열다

보내는 가족의 마음도 죽어도 받을 수 없는 태자의 마음도 읽혀 더욱 애달프다. 한때 소싯적에는 모든 일에 양비론자였던 내가 이제 두 경우, 자식과 부모의 경우를 모두 경험하고 살다 보니 양시론자가 되어 간다.

고행이 깊어질수록 야위시되 태자 몸에서 더욱 금빛 광명이 찬란해지는 모습에서 우리는 초월적 의지를 보게 되는 것이다. 한 번쯤은 무엇인가에 이토록 몰두해 볼만한 인생일 텐데 나는 과연 그러한 때가 있었던 것일까. 갑자기 울적해지는 마음은 그 흉내라도 내던 시절이 잠깐이라도 있었을 텐데 세월이 무상하여 모두 '희미한 옛사랑의 그림자'로 지워져 가기 때문이다. 범부는 몰입의 시간조차 생로병사 과정이 있음을 체감하는 시절이다.

여기까지의 이야기를 「월인천강지곡」은 이렇게 노래하고 있다.

其六十一
伽闍山 苦行애 六年을 안즈샤 마리 우희 가치 삿기 치니
憍陳如 유무에 三分이 슬흐샤 술위 우희 쳔 시러 보내시니

其六十二
雜草木 것거다가 ᄂᆞᆾ 거우ᅀᆞᆸ돌 ᄆᆞᅀᆞᆷ잇ᄃᆞᆫ 뮈우시리여〈월인23ㄱ〉
ᄒᆞᆫ 낱 ᄲᅳᆯ을 좌샤 술히 여위신ᄃᆞᆯ 金色잇ᄃᆞᆫ 가ᄉᆡ시리여

ㅡ ㅡ ㅡ

육십일장
싯달타 가사산 고행에 6년을 좌선하시매 태자 머리 위에 까치가 새

끼를 치니

교진여가 소식을 전하니 정반왕과 대애도, 야수 세 분이 슬퍼하시어

수레 위에 재물을 실어 보내시니

육십이장

잡초목 꺾어다가 얼굴을 못살게 군들 마음이야 움직이시리오.

한 톨의 쌀을 드셔서 살이 여위신들 금빛이야 가시리오.

    교진여가 보낸 '소식'은 옛말로 '유무'라고 한다. 왠지 별일이 있고 없고[有無]가 연상되지만 순 우리말이다. 역시 되살리고 싶은 우리말 목록에 등재해 두자. 또 여기서 말하는 '재물'을 '천'이라고 하였다. '천량'이라고 하는 이 표현은 최근까지도 쓰는 말이었다. 극도의 고행으로 싯달타 태자는 피골이 상접하고 흙먼지로 뒤덮여 동네 사람들의 놀림을 받았지만 수행으로 맑아진 정신은 금빛 광명이 되어 뿜어져 나왔다.

    이와는 전혀 다른 차원이지만 30여 년 전 법정스님이 만든 송광사 수련원에 처음 갔을 때, 100여 명의 각지에서 온 사람들이 첫날은 표정이 우락부락하고 여성들은 화장을 지워 볼썽사납다가 하루가 다르게 얼굴빛이 해맑아지는 것을 보며 그 자체로 아름답다는 생각을 한 적이 있었다. 단 며칠에도 사람이 달라질 수 있구나 하고 느꼈는데, 6년을 하루같이 정진을 일심으로 한다면 정말 금빛 광명이 뿜어져 나올 것이라고 믿어 의심치 않는다.

석보상절,
훈민정음 조선 대장경의 길을 열다

太子ㅣ 너기샤디 여원 모므로 菩提樹에 가면 後ㅅ 사르미 긔롱호디
주으료므로 부텨 드외다<釋詳3:40ㄱ> 흐리니 보드라본 차바눌 머거
모미 아래 곧거사 成佛호리라 흐시니

菩提樹는 부톄 그 나모 아래 안주샤 菩提룰 일우실씨 菩提樹ㅣ라 흐느니라

———

**태자가 생각하시되 "여윈 몸으로 보리수에 가면 후에 사람이 실없는
말로 놀리며 기롱하기를 '굶주림으로 부처가 되었다' 할 것이니 부
드러운 음식을 먹어 몸이 과거와 같아져야 성불하리라." 하셨다.**

보리수는 부처께서 그 필발라수 나무 아래 앉으셔서 보리를 이루었기 때
문에 보리수라고 하는 것이다.

드디어 정각을 이루려는 찰나이다. 『과거현재인과경』에는 "내가 이
파리한 몸으로 도를 얻는다면 저 외도들은 굶주림이 저절로 열반의 원인
이 되는 것이라 할 테니 내가 뼈 마디마디 나라연의 힘이 있더라도 이로
써는 도를 얻지 않으리라. 음식을 먹은 후에 도를 이루겠다."고 기록하고
있다. 달이 아니라 손가락을 볼 것을 염려한 것이다. 우리가 보리수라 부
르는 것은 Pippala 나무인데 '필발라수' 또는 '길상수'라고도 한다.

이렇게 2,600년 전 극단의 고행과 용맹정진으로 앞서 깨달은 인간 붓
다가 계셨기에 그저 우리는 또 다른 시행착오 없이 그 자취를 따라가기
만 하면 되는 것이다. 여래 십호 중에 '선서(善逝)'가 마음에 와 닿는 것
은 이 마음에 잇대어 있기 때문이리라.

스무 번째 이야기

○

싯달타 태자의 정각과
수자타 소녀의 우유죽 공양

●

　이제 현전하는 「석보상절」 첫 번째 책 제3권의 마지막이다. 「석보상절」은 모두 스물네 권인데 현재 열 권만 전한다. 3권의 내용은 팔상도의 두 번째 '비람강생'의 관상가의 이야기부터 세 번째 '사문유관', 네 번째 '유성출가', 다섯 번째 '설산수도'까지의 이야기로 구성되어 있다. 「석보상절」 4권이 발견된다면 팔상도 여섯 번째 그림인 '수하항마'의 이야기로 이어질 것을 우리는 자연스럽게 유추할 수 있다. 실제 같은 내용을 담고 있는 「월인석보」 제4권'은 '수하항마'로 시작하고 「석보상절」 제3권 내용의 마지막 부분을 노래하는 「월인천강지곡」은 66장 다음인 67장부터 시작하고 있다.

석보상절,
훈민정음 조선 대장경의 길을 열다

| 수자타 공양탑 |

  마침 나는 이번 이야기 무대인 수자타 마을을 30년에 걸쳐 두 번 다녀
왔다. 처음 1990년 당시 인도를 갔을 때는 수자타 마을까지 가는 경우는
더욱 드물었다. 운 좋게 그 동네 사람 안내로 나이란자라강과 유영굴, 전
정각산, 수자타 마을과 수자타사원을 갔다. 나는 그때 불교 문외한이었
다. 그저 건기에 메마른 모래밭으로 변한 강과 돌투성이 산 전정각산의
허름한 굴에서 수행하는 티벳 노스님 두 분, 흙벽에 쇠똥 가득 말리는 한
적한 농촌 시골 마을을 보았을 뿐이었다. 특히 수자타사원은 퇴락한 힌
두사원으로 변해 천불이 새겨진 돌기둥만 한 귀퉁이에 굴러다니고 있었
다. 2020년에 다시 갔더니 그때는 못 봤던 수자타 공양탑이 어마어마한
규모로 세워져 있어서 깜짝 놀랐다. Gaya 역에서 내려 자전거 릭샤를 타

고 하염없이 가야했던 보드가야에는 공항이 들어서 있었다. 이것을 상전
벽해라고 하는 것인가.

수자타 소녀와 우유죽

그저긔 훈 長者ㅣ 匹리 쇠 져즈로 粥 쑤어 樹神을 이바도려 ᄒ니 그
粥이 가마애셔 열 자콤 소사올아 아니 담기거늘
樹神은 나못 神靈이라
虛空애셔 닐오디 큰 菩薩이 뎌에 겨시니 네 前生앳 發願이<釋詳3:40
ㄴ> 잇ᄂ니 몬져 菩薩끠 받ᄌᄫ라
그 匹리 그 말 듣고사 金 바리예 다마 尼連水ㅅ ᄀ새 가니라
— — —

그때 한 장자(長者)의 딸이 쇠젖(우유)으로 죽을 쑤어 나무의 신령(樹
神)을 공양(이바지)하려 하였다. 그 죽이 가마에서 열 자나 솟아올라
그릇에 담기지 않거늘 허공에서 말하였다.
'큰 보살이 저기에 계시다. 네가 전생에 발원한 것이 있으니 먼저 보
살께 공양하여라.'
그 딸이 그 말 듣고서야 금으로 된 발우에 담아 니련수(尼連水) 가에
갔다.

수자타는 장자의 딸이었다. 그러나 경전에 따라 이름도 '선생, 난다발

석보상절,
훈민정음 조선 대장경의 길을 열다

| 수자타의 우유죽 공양 |

라, 난타바라'로 나오거나 촌장의 딸, 도사의 딸로 묘사되기도 한다. 우유에 코코넛과 쌀을 넣고 끓인 유미죽이라고도 하는 죽을 쑤어 원래는 나무의 신령에게 이바지하려 했는데 그 죽이 그릇에 담기지 않고 공중에 분수처럼 솟아올라, 나무의 신령이 아니라 곧 정각을 이룰 보살께 금으로 만든 발우에 정성껏 담아 이바지할 수 있게 되었다. 그에게 들린 허공의 소리는 그동안 사문유관과 여러 곳에 등장한 정거천이라고 『과거현재인과경』에 나와 있다.

여기서도 '가마애져'로 오각되어 있으나 '가마애서'로 바로잡는다. 이럴 때의 기쁨이란 낫 놓고 기역자도 모르던 시절이 생각나 스스로 대견해지는 것이다. 중간본의 오각이나 탈각이 눈에 띄어 바로잡을 수 있는 날이 오다니……

니련하에서 목욕한 싯달타 태자

太子ㅣ 므레 드러 沐浴 곰거시늘 諸天이 種種 花香을 므레 비터니
樹神이 가지를 구핀대 太子ㅣ 동기야 나거시늘
兜率天子ㅣ 하ᄂᆞᆭ 袈裟를 니피ᅀᆞᆸ니라<釋詳3:41ㄱ>
그제사 그 ᄡᅳ리 粥 가져 드러 머리 조ᄊᆞ밧놀 바다 좌시고 그 바리를 므레 더디신대
帝釋이 가져 忉利天에 가아 塔 일어 供養ᄒᆞᅀᆞᆸ더라
이 塔ᄋᆞᆫ 天上 네 塔앳 ᄒᆞ나히라 沐浴ᄒᆞ샤미 부텻 나히 셜흐니러시니 穆王 네찻

석보상절,
훈민정음 조선 대장경의 길을 열다

히 癸未라

———

태자께서 니련하 물에 들어가 목욕하시거늘 제천이 여러 가지 꽃향을 물에 뿌리시니 나무의 신이 가지를 굽혔다. 태자가 가지를 당겨 나오시거늘 도솔천자가 하늘 가사를 입히셨다.

그제야 그 딸이 죽 가져가 들어서 머리 숙이거늘 태자가 받아 좌시고 그 발우를 물에 던지셨다.

제석이 가지고 도리천에 가서 탑을 세워 공양하였다.

이 탑은 천상의 네 탑 중의 하나이다. 목욕하신 것이 부처의 나이 서른이 시니 주나라 목왕 4년 계미년이다.

정각을 이루기 전의 호칭을 '보살'과 '태자' 두 가지로 부르고 있다. 태자가 니련하에 들어가 6년 동안 고행하며 머리에 까치집을 짓고 먼지로 뒤덮였던 몸을 씻는다. 하늘의 신들은 정각을 이룰 보살에게 갖가지 꽃향을 물에 뿌리고 나무의 신은 극한의 굶주림으로 힘없는 태자를 위해 가지를 드리운다. 태자가 그 가지를 의지해 겨우 물에서 나오니 도솔천자가 하늘 가사를 준비하고 대령한다.

그제서야 수자타가 죽을 드리니 받아서 드시고 그 발우를 물에 던진다. 무려 금발우이다. 그 발우를 제석천이 고이 모셔다가 도리천에 탑을 세운다. 『불설중허마하제경』 등 다른 경전에는 물의 신인 용왕이 가져가자 제석천이 용을 잡아먹는 금시조로 변하여 가져갔다고 한다. 그때 태자의 나이가 서른이라고 하니 우리가 아는 29세 출가, 35세 성도와 다른 경전을 선택한 것이다. 「월인천강지곡」은 이렇게 노래하고 있다.

其六十三

尼連水예 沐浴ᄒᆞ샤 나리라 너기시니 즘게남기 가지를 구피니

菩提樹에 가려 ᄒᆞ샤 좌샳 것 ᄉᆞ랑ᄒᆞ시니 長者ㅣ ᄯᆞᆯ이 粥을 받ᄌᆞᄫᆞ니

<월인23ㄴ>

其六十四

가지를 자ᄫᆞ샤 무틔 나거시ᄂᆞᆯ 兜率天이 袈裟 니피ᅀᆞᄫᆞ니

粥을 좌시고 바리를 더뎌시ᄂᆞᆯ 天帝釋이 塔애 ᄀᆞ초ᅀᆞᄫᆞ니

— — —

육십삼장

니련수에 목욕하시고 나가리라 생각하시니 큰 나무 가지가 저절로 굽히니

보리수에 가려 하시며 먹을 것을 생각하시니 장자의 딸이 죽을 바치니

육십사장

가지를 잡으시고 뭍에 나오시거늘 도솔천이 가사를 입히옵나니

죽을 좌시고 바리를 던지거늘 천제석이 탑에 간직하옵시니

석보상절,
훈민정음 조선 대장경의 길을 열다

떠나가는 다섯 비구와 필발라수 아래에서

太子ㅣ 粥 좌신 後에 양지 네 긷ᄒ거시ᄂᆞᆯ

憍陳如ᄃᆞᆯ 다ᄉᆞᆺ 사ᄅᆞ미 보ᅀᆞᆸ고<釋詳3:41ㄴ> 修行이 늘의샷다 너겨 다

제 잇던 ᄃᆡ 도라 니거늘

菩薩이 ᄒᆞᇰ오ᅀᅡ 畢鉢羅樹로 가더시니

畢鉢羅樹는 으ᄠᅳ미 누르고 희오 가지와 닙괘 퍼러코 겨ᅀᆞ레도 닙 아니 디ᄂᆞ니

부톄 이 나모 미틔 안ᄌᆞ샤 正覺ᄋᆞᆯ 일우실 ᄊᆡ 菩提樹ㅣ라도 ᄒᆞᄂᆞ니라

부톄 金剛定에 드르실 ᄊᆡ 이 나모 아래를 金剛座ㅣ라 ᄒᆞᄂᆞ니 金剛定은 구든

道理예 一定홀 ᄊᆡ라

———

태자께서 죽 드신 후에 모습이 예전과 같아지시니 교진여 등 다섯 사람이 뵙고 수행이 게을러지셨다고 여겨서 다 자기가 있던 곳으로 돌아갔다.

보살이 혼자 필발라수로 가셨다.

필발라수는 으뜸이 누렇고 흰색이고 가지와 잎은 파랗고 겨울에도 잎이 지지 않으니 부처께서 이 나무 밑에 앉으셔서 정각을 이루셔서 보리수라고도 하는 것이다.

부처께서 금강정(金剛定)에 드시므로 이 나무 아래를 금강좌(金剛座)라고 한다. 금강정은 굳은 도리에 일정(一定)한 것이다.

교진여 등 다섯 수행자가 떠나고 홀로 필발라수 아래에서 정각을 이루

시는 장면이다. 결국 인간 세상에서는 아무리 용맹정진을 하고 수행을
오래 하였어도 결정적인 순간에는 혼자인가 하는 생각이 뇌리에 박힌다.
어쩌면 그리하여 금강 같은 선정에 들 수 있는 것이다.

천지신명의 축하와 장엄

德重ᄒ실씨 地動ᄒ며 五百靑<釋詳3:42ㄱ> 새 圍繞ᄒᅀᄫᅡ 노며 瑞雲

　　석보상절,
　　훈민정음 조선 대장경의 길을 열다

香風이 섯버므러 잇더니

瑞雲은 祥瑞옛 구루미오 香風ᄋᆞᆫ 香ᄇᆞᄅᆞ미라

눈 먼 龍도 누니 뼈 祥瑞 보ᅀᆞᆸ고 讚嘆ᄒᆞᅀᆞᇦ며 ᄒᆞᆫ 迦茶ㅣ라 홇 龍이
長壽ᄒᆞ야 아래 세 부텻 成道ᄅᆞᆯ 보ᅀᆞᆸ밧잇더니

세 부텨는 拘樓孫佛와 拘那含牟尼佛와 迦葉佛□시니라

成道ᄂᆞᆫ 道理 일우실씨라

眷屬 ᄃᆞ리고 香花ㅣ며 풍류며 幡이며 蓋며 가져 나아 供養ᄒᆞᆸ거늘
諸天이 몬져 하ᄂᆞᆳ 幡과 蓋와 가져다가 즘게 우희 ᄃᆞ라 보람 두니라
西天ㅅ 法에 모로매 프를 실오 안쩌니 天帝釋이 사ᄅᆞ미 ᄃᆞ외야 孔雀
이 목빗 ᄀᆞᄐᆞᆫ 프를 뷔여 가거늘 菩薩이 일흐믈 <釋詳3:43ㄱ> 무르신
대 對答ᄒᆞᅀᆞᄫᅩ디 吉祥이로이다 ᄒᆞ고 그 프를 받ᄌᆞᄫᅡᄂᆞᆯ 菩薩이 바다다
가 ᅀᆞᄅᆞ시니 짜히 ᄀᆞ장 드러치더라

－－－

태자의 덕이 크시므로 땅이 진동하며 오백 마리 파랑새가 둘러싸고
[圍繞] 날며 상서로운 구름과 향기로운 바람이 섞여 있었다. 눈먼 용
도 눈이 떠 상서로운 일을 보고 찬탄하였다. 어떤 가도(迦茶)라고 하
는 용이 장수하여 과거의 세 부처의 성도(成道)를 보아 왔다.

세 부처는 구루손불과 구나함모니불과 가섭불이시다. 성도는 도리 이루
는 것이다.

용이 권속을 데리고 향기로운 꽃이며 풍류이며 번(幡)이며 개(蓋)를
가지고 나와 공양하니 제천이 먼저 하늘의 번과 개를 가져다가 큰 나
무 위에 달아 표식을 해 두었다.

인도(西天) 법도에 따라 모름지기 풀을 깔고 앉더니 천제석이 사람이 되어 공작의 목 빛 같은 풀을 베어서 가거늘 태자 보살이 이름을 물으셨다.

제석이 대답하였다. '길상이라고 합니다.' 하고 그 풀을 공양하거늘 보살이 받아다가 깔았더니 땅이 진동하였다.

태자가 6년간의 고행과 수행 정진 끝에 정각을 이루자 땅이 온몸을 흔들며 춤춘다. 오백 마리의 파랑새도 태자를 둘러싸고 하늘은 상서로운 구름과 향기로운 바람으로 가득하다. 눈먼 용도 눈을 번쩍 떠서 그 모습을 찬탄한다.

용 중에 오래 산 가도라고 하는 용은 과거의 세 부처를 보았는데 이제 석가모니부처를 맞이한다. 그가 권속을 거느리고 향기로운 꽃과 음악, 번, 개를 가지고 나와 새로운 부처께 공양하니 하늘의 여러 신들은 한발 앞서 하늘의 번과 개를 가져와 큰 나무에 꾸며 장엄한다. 바다의 용왕과 땅도 하늘도 혼연일체가 되어 축제를 벌이는 이 광경을 영화로 만들면 얼마나 환상적일까.

인도에서는 풀을 깔고 앉아 참선을 하는 풍습이 있었는데 태자가 그에 따라 예사롭게 풀을 깔고 앉으니, 천제석이 정각을 이루신 분을 위하여 사람으로 변해 공작의 목 빛처럼 영롱한 상서로운 풀을 가지고 태자 옆을 지나간다. 이에 '태자보살'이 그 이름을 물으니 상서의 뜻인 '길상'이라고 대답한다. 경전마다 길상을 사람의 이름이거나 풀의 이름으로 해석한다.

석보상절,
훈민정음 조선 대장경의 길을 열다

팔만 보리수 위의 사자좌에 앉으신 부처

그저긔 諸天이 八萬 菩提樹엣 獅子座를 밍ᄀᆞ니

獅子座ᄂᆞᆫ 부텻 座ㅣ시니 獅子ᄂᆞᆫ 중싱ᄃᆞᆯ히 다 저흘ᄊᆡ 부텻 威嚴과 德과ᄅᆞᆯ 가줄

벼 獅子座ㅣ라 ᄒᆞᄂᆞ니라

그 나못 노피 八千?? <釋詳3:43ㄴ> 이시며 四千□□□□□□ 天ᄃᆞᆯ히

저마다 □□□□□坐애ᅀᅡ 안자 겨시다 ᄒᆞ거든 사오나ᄫᆞᆫ 薄福ᄒᆞᆫ 사ᄅᆞ

ᄆᆞᆫ 菩薩ᄋᆞᆯ 보ᅀᆞᄫᅩ디 플 우희 안자 겨시다 ᄒᆞ더라

薄福ᄋᆞᆫ 福이 엷블 씨라

— — —

그때 제천이 팔만 보리수에 사자좌를 만들었다.

사자좌(獅子座)는 부처의 자리이시니 사자는 중생들이 다 저어하므로 부처의 위엄과 덕을 비유하여 부르는 것이다.

그 나무의 높이가 팔천 리도 있으며 사천 리도 있으며 제천들이 여기기를 사자좌에 앉아 계시다 하거든 사납고 박복한 사람은 보살을 보고 풀 위에 앉아 계시다 하였다.

박복(薄福) 복이 별로 없는 것이다.

여러 하늘 신들이 부처를 위하여 보리수 팔만 그루에 사자좌를 만든다. 보리수의 높이가 사천 리부터 팔천 리까지 다양하다. 제천들은 그 모든 자리에 부처가 화현하여 앉아있다 생각하는 반면 복이 없는 사람에게는 이제 보살이 된 태자가 그저 평범한 풀 위에 앉아있는 것으로만

보인다. 그야말로 부처 눈에 부처가 보이고 돼지 눈에는 돼지가 보이는 것이다.

한문 「월인천강지곡」은 이렇게 찬불가를 부른다.

其六十五
金剛座 빗이고 獅子座를 셰ᅀᆞᄫᅡ 八萬 부톄 안자 제여곰 뵈시니<월인 24ㄱ>
盲龍이 눈 ᄠᅳ고 迦茶龍이 보ᅀᆞᄫᅡ 네 부텨 供養ᄋᆞᆯ 니서 ᄒᆞᅀᆞᄫᆞ니

其六十六
畢鉢羅樹에 ᄒᆞ오ᅀᅡ 가싫 제<월인24ㄴ> 德重ᄒᆞ샤 짜히 ᄯᅩ 드러치니
吉祥茅草를 손ᄋᆞ로 ᄭᆞᄅᆞ싫 제 德重ᄒᆞ샤 짜히 ᄯᅩ 드러치니
― ― ―
육십오장
금강좌 꾸미고 사자좌를 세워 팔만 부처께서 앉아 제각기 보이시니
눈먼 용이 눈 뜨고 가도용이 뵈옵고 네 분 부처의 공양을 이어서 하오니

육십육장
필발라수에 혼자 가실 제 덕이 중하시어 땅이 또 드러치니
길상 모초를 손으로 깔 적에 덕이 중하시어 땅이 또 진동하니

석보상절,
훈민정음 조선 대장경의 길을 열다

　이렇게「석보상절」제3권은 끝인 듯 끝이 아닌 스토리텔링으로 맺는
다. 위의 내용 중 '팔천리'부터는 책이 헤져서 군데군데 보이지 않는데
『석가보』와 관련 경전을 보충해 김영배 교수께서 복원해 놓으셨다. 나의
대학원 은사이며 박사논문 심사, '월인석보, 훈민정음에 날개를 달다' 추
천사도 써 주신 시절 인연이 깊은 선생님이다. 또한 그의 제자인 김성주
선생의 주해에 힘입었다. 중간본 영인본 천병식 선생의 주해에도 감사하
다. 이러한 선행연구가 있기에 이와 같은 2차 후속 작업을 할 수 있는 것
이다. 깊이 감사드린다.

　이와 같이「석보상절」제3권은「월인천강지곡」30장부터 66장까지의
이야기로 마감하고 있다. 간행년도 순서대로 하면「석보상절」을 읽고
「월인천강지곡」을 지었으므로 '석보+월인'이 된다. 이 책은「석보상절」
제3권을 중심으로 관련「월인천강지곡」노래를 찾아 게송 형식으로 담
았으므로 정확히 표현하자면 '석보월인' 제3권이라 할 수 있겠다. 세조가
아버지 세종을 기리고자「월인천강지곡」을 먼저 앞세운「월인석보」는
사실 내용 요약과 문맥을 순리대로 풀면 '석보월인'이 자연스럽다. 이 책
의 또 다른 가치로 보아주시면 좋겠다.

○

「석보상절」의 공덕과 가피

●

「석보상절」을 쓰면서 행복한 시간을 보냈다. 최근 조선왕조실록을 다시 찬찬히 읽고 있다. 거기에는 우리가 잊고 있었던 경찬회(慶讚會) 이야기가 나온다. 세종실록 122권, 세종 30년 12월 5일 정사(1448년) 불당 경찬회 기록은 다음과 같다.

불당(佛堂)이 이룩되니, 경찬회를 베풀고 5일 만에 파하였다. …… 신곡(新曲)을 지어 관현(管絃)에 올리고, 악기(樂器)를 모두 새로 만들어서 공인(工人) 50명과 무동(舞童) 10명으로 미리 연습시켜서 부처에게 공양하여, 음성공양(音聲供養)이라고 일렀으니, 종(鍾)·경(磬)·범패(梵唄)·사(絲)·죽(竹)의 소리가 대내(大內)에까지 들리었다.

석보상절.
훈민정음 조선 대장경의 길을 열다

조선왕조실록 경찬회 기록에 새 곡을 만들어 음성공양을 하였다는 기록이 나온다는 것이 놀랍다. 종묘제례악에서나 볼 수 있는 편경, 편종, 범패와 실로 된 거문고, 가야금, 아쟁, 해금 등과 대나무로 만든 관악기인 대금, 단소, 생황 등으로 연주된 가락과 노래가 대궐에 울려 퍼졌다는 것이다. 이것을 「월인천강지곡」이라고 해도 좋으리라.

이 책을 마치면서 경복궁 궐내에 제사 음악이 아닌 국악기들과 「월인천강지곡」이 울려 퍼지는 장면을 그려 보게 된다. 「월인천강지곡」이 어떤 노래인가. 「석보상절」을 바탕으로 세종이 직접 지으신 노래가 아닌가.

「석보상절」과 「월인천강지곡」은 이렇게 한 몸이다. 그래서 세조가 왕이 된 후에 두 책을 하나로 묶은 것이다. 다만 아버지 세종의 노래를 앞세웠기에 「월인천강지곡」의 두 글자 '월인'과 자신의 '석보상절'의 앞 두 글자 '석보'를 합하여 이름 지은 것이 「월인석보」이다. 1459년의 일이다.

이 책의 완성도에 힘입어 1461년 간경도감이 설립되고 주옥 같은 훈민정음 '조선 대장경'들이 속속 출간되었다고 믿는다. 그때 세조가 구결을 달고 신미 대사가 번역하고 학열, 학조 수제자들이 일을 도맡아 한다.

글쎄 이생에 또 책을 쓸 일이 있을까 모르겠지만 이러한 사실들을 조곤조곤 이야기하고 싶기는 하다. 이 책은 그만큼 출간하기가 쉽지 않았다. 아마 앞으로도 이러한 인문 고전 에세이 형식이 독자에게 잘 팔리기는 힘들 것이다.

나만 하여도 더 이상 책을 사지 않으려고 노력한 지 오래 되었다. 이사할 때마다 정규직 교수가 아닌 나는 연구실이 없어 집 곳곳에 쌓아둔 책들에게 가슴이 찢어지는 작별을 고하며 책을 버려야 하였다. 그러던 내가 이번에는 책의 집필자가 되어 책을 살 독자를 기다리게 되었다. 책의 독자일 때도 집필자일 때도 혹독한 경험을 치르면서 더 이상 책을 내지 않는 쪽으로 마음을 먹게 되었다.

논문은 PDF 파일로 본 지 오래 되었고 책도 필요한 부분은 앞으로 전자책으로 보게 될 것이다. 종이책은 사라지지 않겠지만 예전보다 필요성이 없어진 세상에 살고 있는 것이 엄연한 현실이다. 그럼에도 이 책을 출판해 준 '우리출판사' 대표 무구스님께 감사드린다. 「월인석보」와 「석보상절」에 대한 세 번째 삽화를 맡아준 이림니키씨에게도 진심으로 감사하다.

세 권 정도 발자국을 떼어 놓았으니 어느 때 시절 인연이 닿은 후학이 이 일을 이어갈 것이라 믿는다. 나 또한 예기치 않게 「석보상절」을 만나 수십 년 동안 나름대로 이끼 끼지 않는 구르는 돌처럼 살아왔다고 자부하고 있으니 후일의 주인공도 그러할 것이라 믿는다.

진심으로 행복하였다. 처음엔 띄어쓰기도 안 된 책을 들고 쩔쩔매다가 한 글자 한 글자 독학하며 문리가 트이고 좀 더 알고자 불교 공부에 본격적으로 나서 선재동자처럼 쏘다닌 일들이 모두 즐거운 추억이다. 수많은 선지식과 도반들에게 감사하다. 특히 성파종정 예하스님께서 추천사를 써 주신 고마움이 크다. 나의 스승이기도 한 통도사 율주 혜남스님의 덕분이다. 두 분께서 막역한 도반이어서 나를 추천하고 소개해 주셨다. 혜남스님께서는 2022년에 나를 전강제자로 받아 주셨다.

나의 당호는 마땅히 '월인(月印)'이다. 이 이름은 원래 2018년 봉선사 조실 월운스님께서 나의 딸에게 지어주신 것이다. 그러나 평생 「석보상절」과 「월인석보」를 짝사랑한 나로서는 이 이상의 당호는 없다는 생각이 들어 딸에게 더 좋은 이름을 지어주기로 약속하고 양보 받았다. 월운스님은 '心隨境轉(심수경전) 月影海水(월영해수)'라고 써 주셨다. '마음은 경계에 따라 움직이고 달은 바닷물 위에 여여히 떠 있다.'라는 의미이다. 마음과 달은 같은 본성을 뜻한다. 싫고 좋고 희노애락 상황에 움직여도 바다가 파도칠 때나 잔잔할 때나 언제나 그 모습 그대로 떠 있다는 것이다. 안동 광흥사 주지 범종스님께도 감사드린다. 내 손목을 잡다시피 하고 조계종출판사에 첫 책 '월인석보, 훈민정음에 날개를 달다'를 출간하도록 직접 추천하러 가 주셨다. 두 번째 책 '월인석보, 그대 이름은 한글대장경'을 출간할 수 있도록 30년 만에 박이정출판사 사장을 만나게 연결고리가 되어준 방송대 명예교수 김현권 선생님께도 감사드린다. 그리고 세 번째 책 '석보상절, 훈민정음 조선 대장경의 길을 열다'를 출간하게 해 주신 수필가 맹난자 선생님께도 감사의 인사를 전한다.

예순네 번째 생일을 맞은 해에 인도 라닥지역을 답사하며 이 후기를 쓰고 있다. 놀랍고 신기한 일이다. 어릴 때 상상하기를 좋아했던 나는 서른 살과 마흔 살이 되면 어떨까 생각해 본 적이 있다. 모두 생각보다 좋았다. 그러나 쉰이 아닌 옛말 '쉬흔'도 '예순'도 상상해 본 적이 없는 나이였다. 그래도 그 오십 대와 육십 대에 이 책을 썼다고 말할 수 있다는 생각이 들어 좋다. 지금 이 순간 생각난 것이다. 어느덧 쉬흔과 예순을 살면서 나는 무엇을 했던가, 난감했던 것이다. 이 책들을 쓰며 살았다고 말할 수 있어 참 좋다.

마지막으로「석보상절」의 패기에 쓰인 '세종어제 용비어천가 소헌왕후 동증정각, 금상(세조) 찬술 석보상절 자성왕비(정희왕후) 공성불과'를 깨닫게 해 주신 분들께 감사의 말씀을 전하고자 한다. 세종과 세조 부부의 훈민정음 조선 대장경 찬술이 함께 정각을 이루고 불교의 과보를 이루고자 하는 발원문이었음을 깨닫게 해 준 세 분이 있다.

먼저 하늘에서 기뻐하실 어머니께 드릴 말이 있다. 엄마의 유언은 '훌륭한 교수 돼'였다. 내가 2000년도에 터키에 가서 설립한 국립 에르지에스대학교 한국학과에 20년 만에 복귀하여 정교수 타이틀로 강의를 하고 있다고 자신있게 말씀드린다. 그리고 엄마의 글재주를 이어받아 이렇게 길고 긴 600년 전의 훈민정음으로 사람 냄새 나는 이야기를 쓸 수 있게 되었음도 무릎 꿇고 감사드린다. 엄마의 딸이 엄마를 이어 대대로 살고 있다고. 시대를 바꾸어 태어났다면 나보다 열 배 백 배 훌륭했을 엄마를 진심으로 존경한다고.

2022년에 남편이 작고하였다. 나에게 두 개의 박사학위를 하도록 물심양면 도와주고 2016년 이후 일곱 권의 책을 쓰게 해 준 의지처이자 미래의 부처 마이트레야였다. 한마디로 지금의 나를 만들어 주신 분이다. 감사하고 또 감사하다. 그리고 늘 사랑한다.

세상은 속절없어 2023년 2월 아버지께서 '세상은 감미롭고 인생은 아름답다'는 임종게를 남기시고 엄마 떠나신 지 20년 만에 다시 만나러 가셨다. 이 책의 본 목적이 '극락왕생발원문'이었음을 부모님과 남편이 전 인생을 들여 나에게 직접 살신성인으로 느끼게 해 주신 분들이다.

첫 후기를 쓸 때만 해도 어머니 잃은 아들 수양의 마음만이 밟혔는데 이제는 배우자를 잃은 세종의 마음도, 그리고 부모를 잃은 딸 소헌왕후의 마음도 고스란히 느끼게 되었다. 이 글을 읽는 독자들도 그 시간이 올 때 이 글이 위로가 되었으면 하는 마음으로 쓴다.

아침마다 108배 하며 드리는 기도로 이 글을 맺고자 한다.

이 세상 모든 유정과 무정이 건강하고 행복하기를!
온 우주의 유주 무주 영가들이 극락왕생하기를!
이 세상 모든 청춘들이 자유롭고 행복하기를!
이 세상 모든 아픈 이가 아프지 않고 천수를 누리기를!

석보상절,
훈민정음 조선 대장경의 길을 열다

2023년 9월 11일 초판인쇄
2023년 9월 15일 초판발행

지은이 ● 정 진 원
발행인 ● 김 동 금
발행처 ● 우리출판사

주소 ● 서울특별시 서대문구 경기대로9길 62
전화 02-313-5047, 5056
ISBN 978-89-7561-358-6

값 18,000원